快乐乒乓球

张玉卿　主编

甘肃科学技术出版社

图书在版编目（ＣＩＰ）数据

快乐乒乓球/张玉卿主编. -- 兰州：甘肃科学技术出版社,2019.6（2023.8重印）
ISBN 978-7-5424-2665-9

Ⅰ.①快… Ⅱ.①张… Ⅲ.①乒乓球运动—基本知识
Ⅳ.①G846

中国版本图书馆CIP数据核字（2019）第069617号

快乐乒乓球

张玉卿　主编

责任编辑　刘　钊
封面设计　魏纪德

出　版　甘肃科学技术出版社
社　址　兰州市曹家巷1号　730030
电　话　0931-2131572(编辑部)　0931-8773237（发行部）

发　行　甘肃科学技术出版社　　印　刷　三河市嵩川印刷有限公司
开　本　710毫米×1020毫米 1/16　印　张 15　插　页 1　字　数 260 千
版　次　2019 年 6 月第 1 版
印　次　2023 年 8 月第 2 次印刷
印　数　1001～3500
书　号　ISBN 978-7-5424-2665-9　　定　价 52.00元

编　委　会

序

近代思想家梁启超先生说过:"少年强则国强,少年雄于地球则国雄于地球。"可见青少年的素质尤其是身体素质关乎国家命运和民族的未来。21世纪,人类进入了大数据时代,综合国力竞争的实质是民族素质的竞争,民族素质的竞争基础是身体素质的竞争。在这样的背景下,开展素质教育,加强青少年身体素质教育和健康教育显得尤为重要,阿阳实验学校积极开展乒乓球教学和社团活动,可谓是顺应新时期教育形势发展和学生成长需要的有力举措。

乒乓球运动属于隔网对抗的技能类体育项目,它需要运动者眼、脑、四肢的良好配合和身体协调统一,才能取得竞技的胜利,达到锻炼的目的,因此它集健身性、竞技性和娱乐性于一体,具有很高的观赏价值和运动价值。人在紧张的工作学习之余打打乒乓球,原有的身心疲惫一扫而空,焕发出振奋的精神和旺盛的精力。经常参加乒乓球活动,不仅可使人头脑灵活、动作敏捷,而且还可以改善心脏工作效率,增强心血管和呼吸系统功能,从而提高身体的整体机能和协调性,增强人的自信心。乒乓球如今已经成为一项大众的体育项目,成为人人都能参加的体育项目,并且由于乒乓球运动终身可以参加的可能性,因此也被誉为终身体育项目。据估计,在全世界,从事这项小球运动的人数大约为3亿,这个数字表明,乒乓球是参加人数最多、最受欢迎的体育运动项目之一。

乒乓球运动在中国有着深厚的群众基础。20世纪50年代,中国著名的乒乓球运动员容国团在德国多特蒙德举行的第25届世界乒乓球锦标赛上,打败曾7次获得世界乒乓球男子单打冠军的匈牙利运动员西多，获男子单打冠军。这是中国在世界性体育比赛中获得的第一个世界冠军。从此，乒乓球运动风靡华夏神州大地各个角落，成千上万的人民群众挥拍上阵，积极投身于打乒乓球的热潮中。作为中国在世界体育比赛中获得金牌最多的项目，乒乓球当之无愧是中国的"国球"。新的历史时期，它又具有鼓舞士气、振奋民族精神、培养团队协作和增强民族凝聚力的功能，其意义已经远远超出体育运动本身。如今，人们喜爱乒乓球运动，通过它强身健体、丰富生活。

阿阳实验学校自建校以来，始终坚持"让每一位学生进步，让每一位学生成功"的办学理念，秉承"高起点、起负担、厚基础、重特长"的办学宗旨，教育教学质量一直名列全市前茅。学校社团活动一贯开展得丰富多彩、有声有色。乒乓球社团是学校的品牌社团之一，十多年来培养学生众多，在省市县各级各类比赛活动中屡获佳绩，引人注目。作为学校特色课程之一的乒乓球课程，也一直开展得扎实有序，有平台，有载体，教有依据，学有目标。我校把乒乓球运动引进体育课堂，教学内容主要是以熟悉球性的练习和学习基本步法、发球和接发球、推挡及进攻等基本技术为主。我校开设乒乓球课的目的，在于激发学生的运动兴趣，形成健康的生活方式，丰富他们的课外生活，满足孩子们健康成长的需要。雍北生、周鼐、张玉卿老师作为教练，训练有方，年年获奖，培养了一批又一批乒乓球优秀人才，积累了丰富的经验。玉卿老师就学校十多年来开展乒乓球课程的实践和积累进行了整理和总结，编成此书，便于更好地系统地指导乒乓球社团的开展，极有价值。相信这本教材的出版，能为学校校本课程锦上添花，促进乒乓球社团更高、更快、更强的发展。

是为序。

阿阳实验学校校长：

2018.12

目 录

第一部分 乒乓球运动概述 ·· 1

第二部分 乒乓球运动基本理论知识 ································ 10
第一节 乒乓球技术要素 ·· 10
第二节 常用术语 ·· 23
第三节 熟悉球性 ·· 37
第四节 击球的基本环节和动作结构 ······························ 42
第五节 球拍的种类和性能 ··· 44

第三部分 学校课程教学内容 ·· 48
第一章 学校乒乓球社团活动计划 ································· 48
第二章 乒乓球的基本动作及步法 ································· 49
第三章 发球技术 ·· 55
第一节 正手发平击球 ·· 55
第二节 正手攻球的手脚及完整动作 ······························ 58
第三节 正手发下旋球和发左侧上旋球 ··························· 59
第四节 正手攻球及搓球技术 ·· 61
第五节 发球的基本知识 ··· 64
第六节 正手发转与不转球 ··· 67
第七节 正手发左侧上、下旋球 ····································· 70
第八节 正手发高抛左侧上、下旋球 ······························ 72
第九节 正手发急长球 ·· 74
第十节 正手逆旋转发球 ··· 77
第十一节 反手发转与不转球 ·· 79
第十二节 反手发右侧上、下旋球 ································· 82

第十三节 反手发急长球 ………………………………………… 84

第十四节 下蹲发球 ……………………………………………… 87

第四章 正手技术 ………………………………………………… 90

第五章 反手技术 ………………………………………………… 103

第六章 搓球技术 ………………………………………………… 114

第七章 削球技术 ………………………………………………… 122

第八章 基本技术的易犯错误 …………………………………… 137

第九章 基本技术的实际效用 …………………………………… 151

第十章 基本技术的训练 ………………………………………… 172

第四部分 乒乓球考级 1~9 级内容 …………………………… 199

第五部分:学校乒乓球社团 ……………………………………… 211

后记 ……………………………………………………………… 231

第一部分 乒乓球运动概述

一、乒乓球运动的起源

乒乓球运动是由两名或两对选手分别站在球台的两端,在球台中间隔放一个球网,用手中的球拍,把对方打过来并击中本方球台的球,还击到对方球台,这样打来打去的一项球类的运动项目。它的特点是:球小速度快,变化多。运动量可大可小,不同年龄、性别和身体条件的人都可以参加。

乒乓球运动的起源与网球有着密切的联系,乒乓球运动英文名为 Table Tennis,即为桌上网球。乒乓球运动于 19 世纪末起源于英国,流行于欧洲。据记载,大约在 19 世纪后半叶,由于受到网球运动的启示,在一些英国大学生中,流行着一种极类似现在乒乓球的室内游戏, 发球时, 可将球直接发到对方台面,亦可把球先发到本方台面再跳至对方台面。球拍是空心的,用羊皮纸贴成,形状为长柄椭圆形。为了不损坏家具,在橡胶或软木实心球外,往往包一层轻而结实的毛线。有时,在饭桌上支起网来打;有时索性就在地板上用两个椅子当作支柱,中间挂起网来打。虽然打起来不十分激烈,但颇有一番乐趣。这种游戏当初叫做"弗利姆–弗拉姆"(Flim–Flam)又称为"高西马"(Goossime)。没有统一规则,有 10 分、20 分为一局的,也有 50 分或 100 分为一局的。

一位名叫詹姆斯·吉布(James Gibb)的英格兰人到美国旅行时,偶然发现了一种用赛璐珞制成的空心玩具球,弹性很强。于是,他就将这种球稍加改进后,代替了软木球和橡胶球,逐步在英国和世界各地推广起来。由于用拍击球和球碰桌面时发出的是"乒""乓"的声音,所以"乒乓"的名字也就由此产生了。最初乒乓球是一种宫廷游戏,欧洲贵族间的一种娱乐活动。后来逐渐流入民间。

二、中国乒乓球运动的发展概况

1. 1949 年前的乒乓球运动

中国乒乓球运动是 20 世纪初开展起来的,早期只有上海、北京、天津、广州几个大城市的教会,中华基督教青年会上海分会童子部首先开设乒乓球房,有球台九张,但一般市民无缘入内。1918年,上海率先成立全市的乒乓球联合会和其他一些组织,不少球队纷纷建立,并于1923年首次举办了比赛。比赛采取对抗方式11人参赛,先胜六盘者为赢。同一年,全国乒乓球联合会在上海诞生,中国乒乓球运动从此得到了初步的发展。在1935年、1948年曾举行过两次全国性的乒乓球比赛,1935年,中华全国乒乓球协会成立。此前此后举行过各种规模的、相当数量的国内、国际乒乓球比赛。

2. 1949年后乒乓球运动的开展

(1)20世纪50~60年代开始领先于世界

1949年后,中国的乒乓球运动得到了飞速发展。特别是在20世纪50年代,中国在全国范围内开展了群众性乒乓球运动,使乒乓球技术水平得到了很大提高。1953年,中国首次参加了第20届世乒赛,到1959年中国优秀运动员容国团第一次夺得世界锦标赛的男子单打冠军,标志着中国乒乓球运动在世界的崛起。1961年中国主办了第26届世界乒乓球锦标赛。在这届比赛中中国运动员力争上游,一举夺取了3项冠军,包括争夺最激烈的男子团体冠军奖杯——思韦斯林杯。从此,中国乒乓球运动走到了世界前列,突出的成绩,带动了全国群众性乒乓球运动的普及,形成全国乒乓球运动热。1965年,男女队共获得5项冠军,中国乒乓球运动水平处于了世界前列,震动了世界。

(2)20世纪70年代技术创新、改革与发展

1971年脱离两届世锦赛的中国运动员重返赛场,参加了第31届世锦赛,在此次大赛中,中国队夺回了斯韦思林奖杯,同时夺得了女单、女双和混双冠军。

在此期间,中美两国开展了著名的"乒乓外交",运动员的互访打开了两国人民友好往来的大门。在技术上,欧洲选手已吸收了中国的快攻和日本的弧圈球技术,创造了横握球拍,速度与旋转相结合的打法。此时中国队在技术指导思想上也有所发展和创新,即在原有的"快、准、狠、变"的基础上增加了一个"转"字,直板正胶普遍增加了上旋球,随后的1973年(32届)至1979年(35届),中国队又取得了可喜的成绩。

在破弧圈球方面也有了新技术,挑选了一批队员改打直板反胶,形成了新

型的直板反胶进攻打法，还有横直板两面不同性能球拍的"倒板"打法。在此期间，中国队认为技术创新是中国队保证常胜的唯一途径，发球的创新，侧身高抛发球，快点，反手快带，反手加力推以及侧推，推下旋、推挤，这些技术都是在弧圈球的逼迫下探索出来的新技术。这些探索和创新，为20世纪80年代中国队的提高和发展，打下了坚实基础。

（3）20世纪80年代培养新人，再创辉煌

中国队在第32届、35届、40届世界乒乓球锦标赛男子团体赛中分别负于瑞典队和匈牙利队。在1981年举行的第36届世乒赛上，中国的乒乓球运动水平达到了一个新的高峰，中国乒乓健儿经过奋勇拼搏，夺得了7项冠军，创造了乒坛历史上的奇迹，中国在奥运会中占据了乒乓球项目的优势，中国队在这一阶段取得较好成绩的主要原因是：大胆启用新人，人新球艺新。新的一代运动员成长起来，几乎获得所有乒乓球比赛的金牌。

在80年代的5届世乒赛中，中国运动员获得了金牌总数的80%，中国队取得的优异成绩，同时吸引了各国加强对中国队的研究，中国队的优势受到潜在的威胁。

（4）20世纪90年代为国争光，永攀高峰

90年代世界乒坛向着多元化方向发展，世界各国向我们提出了挑战。在第41届世乒赛上男队成绩跌至第七名，女队也在决赛中败给朝鲜南北联队。第40届和41届世乒赛的失利，中国队痛定思痛，认真总结经验教训，抓管理，树信心，搞技术创新，加快对新人的培养。在第42届世乒赛上，中国队夺得女团、男双、女双和混双四项冠军和男团亚军。队伍终于走出低谷，为中国乒乓球再创辉煌打下基础。

此后，中国队始终站在世界乒坛的最顶峰，在第44届和45届世乒赛和2000年的悉尼奥运会上，中国队成绩辉煌。为长盛不衰四十年的中国乒乓球在"小球时代"画上了圆满的句号。

综观参加世界锦标赛50年的历史，中国乒乓球运动有过领先于世界，有过失去领先的痛楚，但是，值得国人引以为自豪的是：长期形成的"乒乓精神"，激励着一代又一代运动员不懈地奋斗，他们不屈不挠、不断钻研、不断创新，体现了为国争光的集体主义精神。

三、乒乓球运动的特点及健身价值

1.乒乓球运动的特点

乒乓球运动的特点是球小、速度快（平均0.2秒完成一个来回）、变化多、趣味性强。项目所需设备比较简单、投资少，又不受年龄、性别和身体条件的限制，很容易被大众所接受。乒乓球运动是上下肢配合的一项全身运动，经常参加这项运动，可增强人的灵敏性和协调性，强壮体质，并能培养人的意志、品质。乒乓球速度快，变化多，要求练习者在短时间内对瞬息万变的击球有较强的反应能力和应变能力。其负荷量可自我高速控制，对练双方球台相隔又恰好避免了身体接触；只要按照自身素质训练且强度适量，运动外伤的可能性几乎为零，具有广泛的适应性和较高的锻炼价值，容易被人接受。乒乓球是一项集健身性、竞技性和娱乐性为一体的运动。乒乓球项目有单打、双打、团体项目。团体项目通过个体来实现，所以乒乓球项目可以培养独立思考、单独作战及集体主义精神。

2.乒乓球的健身价值

（1）乒乓球运动对人体骨骼的作用

体育运动的负荷会直接或间接作用于骨，使骨产生适应性改变。骨的应变有一个范围，当应变低于其下限时，骨质量将丢失；当应变超过其上限时，骨质量将增加；应变在上、下限之间时，骨质量将稳定在一定的水平。体育锻炼有助于延缓骨质量丢失，通过对骨的适宜刺激，为一生中较高的骨质量打下了坚实基础。乒乓球运动通过动作重复，很容易给骨骼带来不断的刺激，促进其生长。运动负荷会促进骨蛋白合成，逐渐增加骨质总量，使骨盐沉淀保留、骨质增厚、骨骼融合；能使维生素D增加，从而促进钙质吸收，减少骨质丢失，促进其生成。生理学研究证明，如有效利用乒乓球运动中负荷量较大但可以承受的技术练习，可使某些与骨代谢有关的激素或物质发生变化，影响某些局部调节因子，使骨质得以增加，骨骼更为坚固、健康。

（2）可以改善心血管系统和呼吸系统的功能

经常参加乒乓球运动，可以使心血管系统的结构和机能得到改善，心肌变得发达有力，心容量加大，脉搏输出量增多。心搏舒缓和血压降低，提高心脏工作效率，有利于身体的新陈代谢，提高整个身体机能水平。作为血液循环发动机的心脏,在练习过程中要为肌肉输送大量的血液,从而使心脏的功能得到提高。在乒乓球练习过程中,心率一般在 145~155 次/分钟,在这一强度坚持较长时间运动,能够提高呼吸系统的换氧功能,增加肺的容量和通气量,提高肺部功能,促进体质增强。同时,乒乓球运动能增强呼吸肌的力量和耐久力,进而提高呼吸系统的功能;由于增强了呼吸肌的力量,扩大了胸廓的活动范围,使充满气体的肺泡增多,因而肺活量增大。肺活量的增大反映肺储备能力增强。

（3）可以调节和改善神经系统灵活性

由于乒乓球在空中飞行速度比较快,正手攻球只需 0.15 秒就可到达对方台面。在这短暂的时间内,要求运动员对高速运动的来球方向、落点、旋转、力量等因素进行全面观察并进行判断, 及时采取对策, 调整击球方向与拍面角度,进行合理还击。经常从事乒乓球运动,可大大提高神经系统的反应速度。乒乓球是以重复练习为主的运动, 次数的增加能使大脑及全身神经系统得到刺激锻炼,提高神经工作过程的强度、灵活性和神经细胞工作的持久性,使神经细胞得到充足的能量物质和氧气供应, 从而使大脑及神经系统在紧张工作过程中获得充分的能量物质保证。

（4）可以提高心理素质

乒乓球运动是竞技项目,对抗激烈,比分更改速度快,运动员情绪状态非常复杂。经常经受这些变幻莫测、胜负难料的激烈竞争的锻炼,同时在比赛中要对对方战术意图进行揣摩,因此使练习者的心理素质也得到了很好的锻炼。

3.乒乓球运动中应注意的事项

（1）少年儿童训练中的注意事项

少年儿童参加体育运动的兴趣如何, 与他们参与体育运动的目的性和自身状况有着密切的关系,乒乓球运动的趣味性正适合少年儿童。对参加乒乓球训练班的少年儿童,要从激发他们对乒乓球的兴趣入手,在培养兴趣的同时要注意讲授动作的规范性。因为乒乓球是一项全身各部位同时参与运动的项目,错误动作会使少年儿童身体运动不协调,导致运动不均衡,水平自然得不到提高,达不到理想健身的目的。把培养少年儿童的运动兴趣放在首位,教练员若精确传授运动技能与引发其兴趣相结合,则能达到理想的运动健身效果。

（2）老年人训练中的注意事项

对于老年人，只有适度的运动才能达到健身益寿的目的。乒乓球就是一项训练量可因人调节的运动项目，具有趣味性的同时还可以锻炼全身各部位，是一项不必担心运动量过大，适合于老年人的健身项目。但老年人在练习过程中一定要注意把握运动强度。乒乓球运动的耐力训练，不仅运动强度小，还可以促进老年人新陈代谢，提高心肺的运作功能。可在有运动量保证的情况下引发训练兴趣，同时逐渐提高击球的数量。练习时运动量宜由小到大，循序渐进，持之以恒。适当的乒乓球运动可以使老年人肢体保持活动，同时也可以调剂单调寂寞的生活，达到快乐健身的目的。

四、中国乒乓球技术特点及发展趋势

乒乓球运动是技能主导类项目，它包含了速度、力量、旋转、弧线、落点和调节。因此它体现出来的是复杂而不是简单，是组合而不是单一，是爆发而不是匀速的力，这些都融入了每项技战术的内容，通过技战术的使用而得到体现。乒乓球比赛中，双方运动员的相互制约，最终通过击出球的速度、力量、旋转、弧线、落点这五个物理要素来实现。运动员的技术、战术、运动素质、心理智力，最终要以击出球的时间和空间特征表现出来。

现代乒乓球比赛是全方位的较量，立体作战，无论是近台、中台和远台，都要具有一定的对抗实力。乒乓球进攻和防守的区域是上下左右前后的多维的立体空间。上即指杀、放高球的技术等。下即指回接，削下降后期的球等。左、右可视为横向移动回击大斜线、大角度的球等。前可视为近台快攻及回击短球等。后可视为远台击球。一味地强调近台快攻或远台防守；一味地强调快速或旋转都是不全面的。只有把它看成是立体空间战，强调全面技术，才能克敌制胜，能够有前三板发挥技术特长的近台快攻，又能在相持情况下，在中远台利用旋转、节奏、落点的防守技术中过渡到伺机反攻，变被动为主动。这就是立体化的内涵所在。

通过对乒乓球这种竞技的长期认识和实践摸索，中国乒乓球界总结出乒乓球的制胜因素为"快、准、狠、变、转"。现代乒乓球运动的发展，从特定意义上讲，就是一个如何提高制胜的单个水平及他们之间组合水平的过程。

乒乓球制胜因素中的"快"即对应乒乓球竞技要素中的速度。速度快是乒乓球运动最突出的特征之一。快速的进攻能迫使对手失去最佳击球时机，造成

回球质量下降,处于被动状态。进一步提高进攻的速度仍是现代乒乓球技术发展的趋势。

现代乒乓球运动所讲的"准",准确意义上讲已经包括了"稳健"。"稳"是"准"的初级阶段,但"准"必须建立在"稳"的基础之上。相对于"稳"而言,"准"更富于主动性与挑战性,更具战术意味。

"狠"主要体现在击球力量方面,在现代乒乓球技术中,增大击球的力量,无论是用于对付强烈上旋的弧圈球,还是转与不转的削球,都具有重大作用。在比赛中,击球的力量大、球速快,就能较容易取得主动,甚至直接得分。20世纪90年代以后,乒乓球技术向着凶狠、积极主动、快速进攻的方向发展。尤其是欧洲运动员,在比赛中打法凶狠、敢于搏杀,欲求一招制敌,充分体现了"狠"这一代表力量的制胜因素。

乒乓球运动线路与落点的多变性,是乒乓球球性的复杂性在战术策略上的充分体现。在乒乓球的比赛过程中,通过变换击球的方式、球的旋转方向、球的运行路线和落点等,可限制对手特长技术的发挥,有利于本方队员争取主动。

旋转是乒乓球运动中一项十分重要的技术要素。《现代乒乓球技术研究》一书指出,乒乓球在空中飞行时,存在着以下基本旋转,即上旋、下旋、侧(逆)旋。这几种基本旋转经相互间的组合,又可衍生出26种旋转,如侧上旋、侧下旋等。旋转极其强烈的球同样具有极大的杀伤力。

乒乓球技术学习的过程,从动态角度看是一个从技术实践到理论认识,再把理论认识逐步转化为具体的操作步骤的过程。从静态上看由于出于实践的有效性需要,实践与理论一般会形成不同程度的对应性关系。运动技术学习的操作内容与相关理论的对应性程度,对加深理解运动技术学习的规律有着积极性的意义。通过对涉及乒乓球技术学习的条件反射学说理论、技能学习的觉知理论、内隐学习理论、速度与准确关系理论以及反应时和刺激—反应选择理论,这6种理论与乒乓球技术学习中具体内容安排关系的讨论,认为在乒乓球技术学习过程中,把关于运动技术学习的系列理论和乒乓球技术学习的经验方法进行对照,在理论的基础上对技术学习内容安排进行理解,使技术学习内容安排更加趋于科学化,这对于提高技术学习效率有所帮助,并可以避免出现不必要的问题。

从宏观上对当今乒乓球运动的现状进行分析、研究并运用文献资料法、数理统计法、逻辑分析法、录像分析法,乒乓球技战术三段指标评估法,对当今乒乓球运动技战术进行了深入地分析研究,可以得出以下结论:

(1)当今乒乓球运动的发展已经促使比赛进入了技术、战术、身体、心理等全面对抗的阶段。11分制以及无遮挡发球规则的实施后,更加剧了这种对抗的激烈程度。因此,击球更加精确,技术的严密性比搏杀性更重要,我们在稳健的基础上提倡主动上手。

研究结果表明:11分赛制的实施,接抢段的使用率明显上升,这一现象表明:11分制使比赛的重心前移,前四板的争夺变得更加激烈。接发球抢攻将成为主前沿技术,这对技战术的组合提出了更高的要求。技术的组合要更加细腻、对战术的要求更加合理,在精炼前三板的技战术组合的同时,要加强三五板、二四板以及相持段的衔接。

(2)当代乒乓球运动中,随着运动员之间水平的接近,乒乓球意识越来越重要,技战术是以意识为前提的。意识的好与坏直接影响技战术水平的发挥。因此,我们要加强球意识的培养。

回顾历史上出现的3次“革命性”突破,都是由于打法、技术或球拍的创新引起的。创新引进了新的制胜因素,将原有的制胜因素的单个或组合水平,发挥到了新的高度,从而使率先进行突破的国家攀登上了世界乒坛高峰。当一种新技术问世以后,其他运动员对它总有一段认识、了解、适应的过程。而创新这种技术的运动员在此期间,则可能保持相当高的水平。正如蔡振华所指出的:“当新出一种新生技术时,国外运动员需要花2~3年的时间去适应这种技术。你可以保持2~3年的优势。事实证明,在训练中只有不断创新,才能在比赛中立于不败之地。”

在中国乒乓球技术发展的过程中,技术有了创新才有发展;忽视了创新,技术的发展就很缓慢,甚至停滞,从而出现了低潮。正如徐寅生所说:“唯有创新,别无出路”。

当今乒乓球竞技运动无论从技术、战术到场地、器材等方面都有了突飞猛进的发展,使得竞争更加激烈。没有创新,就难以跟上世界乒乓球运动的发展潮流,就不能持久,就会落后甚至被淘汰。我们应认真分析世界乒乓球运动所发生的一切变化,了解乒乓球运动发展的动向,抓住规则带来的新机遇,不断地挑战自我,挑战对手,挑战未来,锐意创新与发展,结合自己的实际工作,扬长避短,力争主动,勇敢大胆创新,全面提高综合实力。一项技术创新成功,取得的竞技优势不是永久的,当对手对这种新技术完成了认识、破解、适应的过程后,其技术优势就骤降,甚至转化成为技术弱势。乒乓球技术的发展必须符合当代世界乒乓球技术的发展趋势。所以,技术创新的道路上,只有不断创新、永不停息,才能使我们的技术更加全面,特长更加突出,风格更加鲜明,做到与时俱进,保持中国在世界上的优势地位。

第二部分　乒乓球运动基本理论知识

乒乓球的弧线、速度、旋转、力量、落点是乒乓球比赛的 5 个制胜要素；乒乓球常用术语能够加深对乒乓球运动的理解；而乒乓球基本环节，从微观的角度，说明了乒乓球每一个技术动作的形成过程；了解球拍的种类和性能，选择适合个人打法特点的球拍，能够有效促进技术的发挥。

第一节　乒乓球技术要素

在乒乓球比赛中，要求运动员既要设法还击对方的各种来球，又要力争让对方先失误。简而言之，就是要求运动员在击球时要同时具备准确性和威胁性。

准确性，即对方发球或还击后，本方运动员必须击球，使球直接越过或绕过球网装置，或触及球网装置后，再触及对方台区。威胁性，就是己方合法击过去的球要给对方造成威胁，或让对方失误。

准确性和威胁性是不能孤立存在的，两者对立统一、不可分割，在一定的条件下可以互相转化。即在击球准确性不断提高的基础上，不断提高击球的威胁性；在不断提高击球威胁性要求的带动下，击球的准确性亦应得到相应的提高。

欲提高击球的准确性，必须使击出的球有适宜的弧线；欲提高击球的威胁性，所击出的球要具有较大的力量、较快的速度、较强的旋转和较好的落点。下面将对乒乓球技术的 5 大要素逐一进行分析和研究。

一、击球弧线

（一）击球弧线的概念

乒乓球的运行特点是以一定的弧线形式表现出来的。击球弧线是指球离开球拍落到对方台面的飞行轨迹。

（二）击球弧线的组成

乒乓球的击球弧线由第一弧线和第二弧线组成（图 2-1-1）。第一弧线是指球被球拍击出后，到落在对方台面为止的飞行路线，由弧高、打出距离、弧线弯曲度和弧线方向等组成。其中，弧高是指弧线的最高点与台面所形成的高度。打出距离是指击球点与落点之间的水平距离；弧线弯曲度与弧高成正比，与打出距离成反比；弧线方向是以击球者为准，主要指向左、向右的方向。第二弧线是指球从对方台面弹起直至碰到其他物体（球拍、地面等）为止的这段飞行路线。

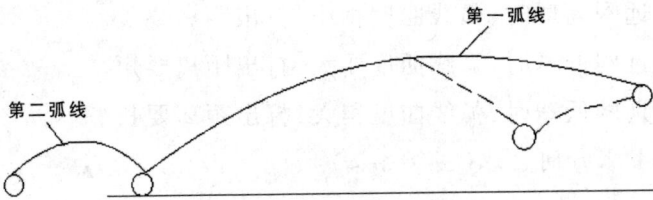

图 2-1-1　第一、第二弧线

第二弧线由弧高、打出距离和方向等组成（图 2-1-2）。

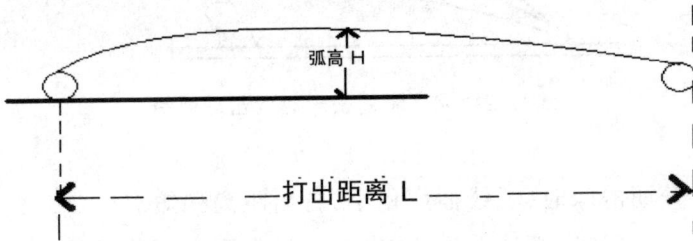

图 2-1-2　弧高与打出距离

飞行弧线是乒乓球在飞行过程中，由于地心引力使球逐渐下降和空气阻力作用造成的。飞行弧线形状，即弧高的高低和打出距离的长短，常受用力方向、拍面角度变化、发力大小、旋转性能以及来球情况等的影响而有所不同。

（三）还击各种来球对飞行弧线的要求

在乒乓球的练习或比赛中，对击球的飞行弧线有着极为严格的要求。不同情况下还击各种来球，对飞行弧线的要求大致如下：

1.不同击球点击球（图 2-1-3）

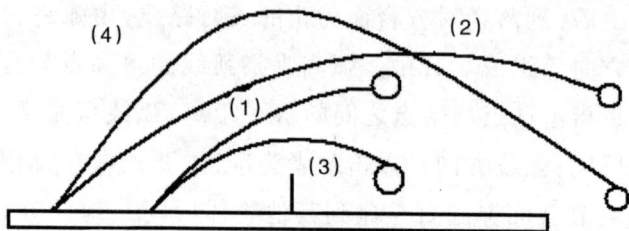

图 2-1-3　不同击球点击球弧线

（1）还击近网高球时，弧线曲度要小，打出距离要短。

（2）还击远网高球时，弧线曲度稍小，打出距离要长。

（3）还击近网低球时，弧线曲度要大，打出距离要短。

（4）还击远网低球时，弧线曲度稍大，打出距离要长。

2. 不同击球时间击球（图 2-1-4）

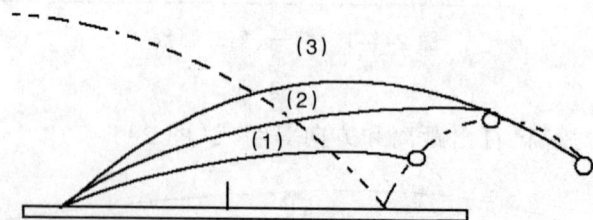

图 2-1-4　不同击球时间击球弧线

（1）上升期击球时，弧线曲度稍小，打出距离稍短。

（2）高点击球时，弧线曲度不能过大，打出距离不能过长。

（3）下降期击球时，弧线曲度略大，打出距离略长。

3.还击不同旋转来球

（1）还击上旋球时，来球旋转越强，越要注意减小弧线曲度，缩短打出距离，避免回球过高或回球出界。

（2）还击下旋球时，来球旋转越强，越要注意增大弧线曲度，加长打击距离，避免回球下网。

（3）还击左（右）侧旋球时，来球旋转越强，越要注意相应地向左（右）调整拍面方向,避免回球从右(左)侧边线出界。

4.削球对弧线的要求

(1)在削击比网略高或与网同高的球时,要减小回球弧线的曲度,并适当缩短打出的距离。

(2)在削击比网低的球时,要适当增大弧线的曲度,回球的距离可长一些。

(3)在削击强烈上旋球时,要加大下压力,以便压低弧线的曲度和控制打出距离。

乒乓球是在外力作用下而运动的,根据力的三要素研究击球的发力(包括力的大小和方向)、击球的时间、击球的拍形(包括拍形角度和拍面方向)与击球部位,对于打好乒乓球有重要的意义。因为这些因素都直接影响着乒乓球的运行弧线。因此,乒乓球教师或教练员观察运动员基本技术时,往往是先看他击球时能否打出合适的弧线,然后再作技术分析。

二、击球速度

速度快是乒乓球运动的突出特征之一。快速的进攻能破坏对手击球重心,使对手失去击球的最佳时机,造成回球质量降低,处于被动应付状态。因此进一步提高快攻的速度仍是现代乒乓球技术发展的趋势之一。

(一)击球速度的概念

乒乓球运动中的击球速度,就是指从对方来球落到我方台面始,到弹起被我球拍回击后又落到对方台面上止,这一过程所用的时间。所用时间越短,说明速度越快。

(二)击球速度分析

击球速度是由以下两方面因素决定的:

1.还击来球所需时间(即来球第二弧线时间)

这段时间是从对方来球击中己方台面的瞬间算起,到己方回球时球拍触球的一瞬间为止(图2-1-5)。击球所需时间长短,除受对方来球的速度、力量、旋转、落点等因素的影响之外,主要取决于己方击球时间的早晚。击球时间越早,击球所需的时间越短;反之则长。因此,尽可能提早击球的时间,缩短第二弧线,就成为缩短击球所需时间的重要条件。

2.球体飞行时间(即击球第一弧线时间)

这段时间是从球体离球拍的一瞬间算起,至球落到对方台面的一瞬间为止(图2-1-5)。在飞行弧线长度一定的情况下,球的飞行速度越快,球在空中飞行的时间越短;反之则长。在球的飞行速度相同的情况下,飞行弧线越短,球在空中飞行的时间越短;反之则长。

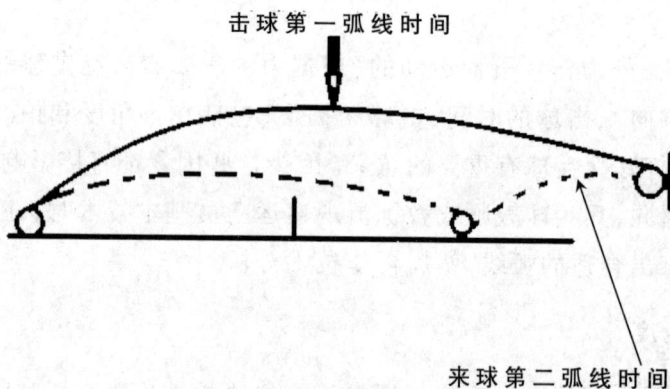

击球第一弧线时间

来球第二弧线时间

图 2-1-5　击球速度示意图

（三）提高击球速度的方法

（1）击球时尽可能靠近球台,这样能缩短第一弧线的打出距离。

（2）在来球的上升期击球,有利于减少第二弧线反弹时间,提高击球速度。

（3）加快挥拍速度,充分发挥前臂和手腕的作用,缩短动作半径,能加快球速。

（4）击球时发力方向多增加向前成分,能降低弧线高度,缩短球的飞行时间。

（5）提高速度,包括动作速度、反应速度和步法移动速度。

三、击球旋转

旋转是乒乓球运动中一个十分重要的技术因素。随着科学技术的发展和球拍的不断革新,击、接旋转球技术更加被人们重视,在比赛中,利用旋转变化争取主动已成为重要的得分手段之一。掌握好复杂的旋转变化规律,对提高击球的质量、增加战术种类有重要意义。

（一）产生旋转的原因

击球时，如果力的作用线（F）通过球心（O），球只作平动不产生旋转；如果球的作用线偏离球心，与球心保持一定的垂直距离（即力臂 L），作用力便分解为法向和切向两个分力，前者为撞击力，使球产生平动；后者为摩擦力，主要使球产生旋转。因此，力的作用线不通过球心，是乒乓球产生旋转的基本原因。（图 2-1-6、图 2-1-7）。

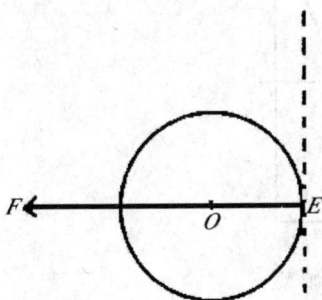

图 2-1-6　不转球的用力

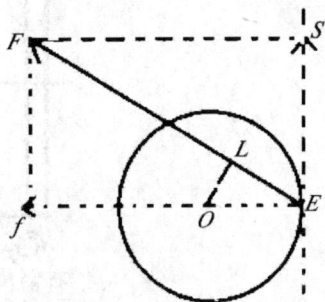

图 2-1-7　转球的用力

（二）乒乓球的基本旋转轴及其旋转种类

乒乓球本是无固定旋转轴的物体，但当球受到球拍击球时因切向分力的作用而产生旋转时，就必然产生一条通过球心的旋转轴。由于乒乓球在飞行时间可以向任何方向旋转，因此它的旋转轴是无限多的。为了便于了解乒乓球旋转的一般规律，这里按三条最基本的旋转轴来加以分析和归类。

1.左右轴（横轴）

它是通过球心与乒乓球飞行方向相垂直的轴，球绕此轴向后旋转称为下旋球，向前旋转称为上旋球（图2-1-8）

2.上下轴（竖轴）

上下轴是通过球心与台面相垂直的轴。绕此轴旋

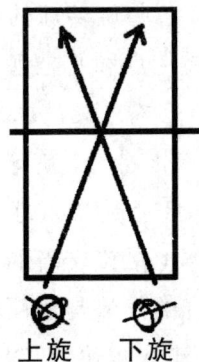

图 2-1-8　左右轴

转称为侧旋球。根据击球者的方位,击球时,以球拍触球的某一点为基准,球开始时向左旋转的,为左侧旋球,球开始向右旋转的,为右侧旋球。(图2-1-9)。

3.前后轴(纵轴)

前后轴是通过球心与球的飞行方向相平行的轴。球绕此轴按顺时针方向旋转,称为顺旋球;球绕此轴按逆时针方向旋转,称为逆旋球(图2-1-10)。

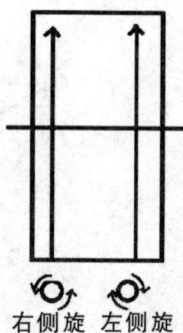

右侧旋　左侧旋　　　逆旋　顺旋

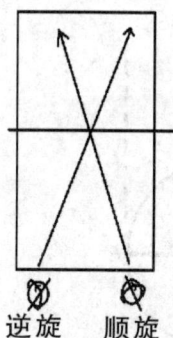

图2-1-9　上下轴　　　　图2-1-10　前后轴

在运动实践中,单纯绕基本旋转轴旋转的球是很少的,大多数旋转球的旋转轴与基本旋转轴都有所偏离。随着这种偏离程度的加大,乒乓球的旋转就从一种性质逐渐变化成另一种性质,例如侧上旋球和侧下旋球。这类旋转球的旋转轴都是上述三个基本轴的偏斜轴。

(三)各种旋转球的特点

各种旋转球的特点,主要是指各种不同旋转球飞行弧线的特点、落点后的反弹特点和平挡触拍后的反弹特点。不同的旋转球,具有不同的特点。

1.不同旋转球的飞行弧线的特点

(1)上、下旋球

①上旋球。球在旋转时,带动球体周围空气一起旋转。当球向前飞行时,球体上沿旋转着的气流受到迎面空气的阻力,因而降低了流速;而球体下沿旋转着的气流与迎面气流的方向是一致的,因而加速了流速。根据流体力学原理,流速越快、压强越小,流速越慢、压强越大,这样上旋球球体上沿的空气压强大,下沿的压强小(图2-1-11)。所以在同等条件下,使上旋球的飞行弧线

比不转球的飞行弧线要低、要短（图 2-1-12）。

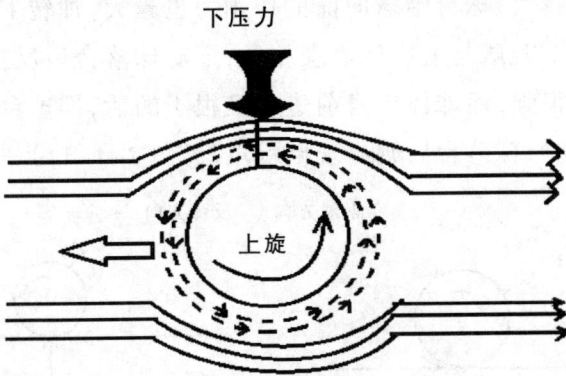

图 2-1-11 上旋球的空气流动

②下旋球。恰好与上旋球相反。球体下沿空气流速慢、压强大，球体上沿空气流速快、压强小，于是空气给球体一个浮举力。因此，在相同条件下打下旋球比不转球的弧线要高、要长（图 2-1-12）。

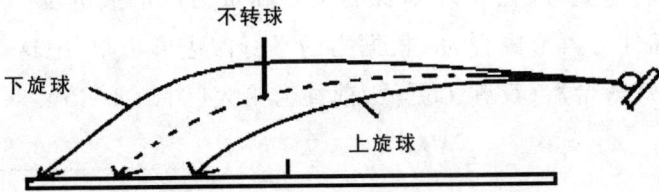

图 2-1-12 不同旋转球的弧线

（2）左右侧旋球

同样的道理，左侧旋球球体左侧空气流速慢，右侧空气流速快，左侧压强比右侧压强大。因此，左侧旋球的飞行弧线向右偏拐；而右侧旋球的飞行弧线正好相反，向左偏拐。

（3）顺、逆旋球

顺、逆旋球由于球体四周空气流速受到迎面而来的气流影响是相同的，因此，其飞行弧线基本上不因顺、逆旋而发生什么变化。

2. 不同旋转球落台后的反弹特点

（1）上、下旋球：上旋球落台时，球体给台面一个向后的摩擦力，加上球体本身的重力合成为对球台的作用力是向后下方的，球台给球的反作用力是向前上方的(图 2-1-13)。因此,上旋球有一定的前冲力。上旋越强,球体给球台向后的摩擦力就越大,球台给球向前的作用力也越大,加转上旋球表现出来的前冲力也越大。下旋球与上旋球道理相反,下旋球落台后反弹显得较高,前冲力弱。如果下旋很强,而球体本身前进力又很小的话,即球台给予球的向后作用力大于前进力时,球落台后则出现回跳现象(图 2-1-14)。

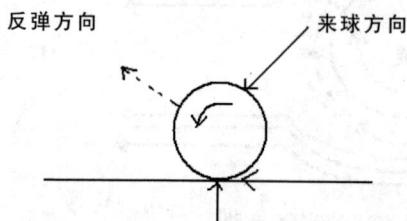

图 2-1-13 上旋球反弹情况   图 2-1-14 下旋球反弹情况

从实际观察中,弧圈球反弹情况与上、下旋球相比,着台后反弹角度更小一些(反弹角度是指以来球前进方向为准,即球反弹路线与台面形成的夹角)。这是因为球本身还有一种向前的惯性力,这个力对球的反弹也起着作用。除图2-1-13 中加转上旋球,由于球本身的旋转和重力所形成的反弹角度外,还要与球向前的惯性力再形成合力。根据力的平行四边形法则,把这两种力用图示分析,则弧圈球落台后,反弹力更低,前冲力更大(图 2-1-15)。

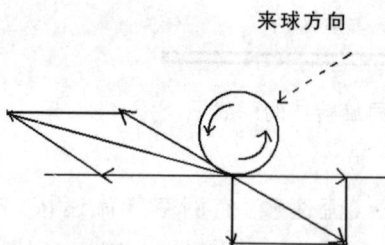

图 2-1-15 弧圈球反弹情况   图 2-1-16 顺逆旋转球反弹情况

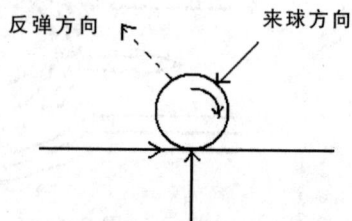

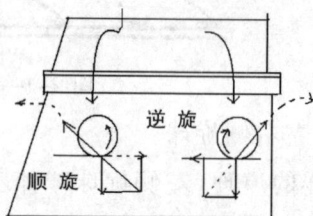

(2)侧旋球:侧旋球落台后并不因为左右侧旋而改变其对台面的作用力,所以落台后其飞行弧线按照原来的方向顺势继续偏拐。

(3)顺、逆旋球:顺旋球落台后有一个向左的摩擦力,因此球台也给球一个向右的反作用力,球反弹后向右侧拐弯(图 2-1-16)。逆旋球则相反,球给球台的摩擦力是向右的,反弹后向左拐弯。

3.不同旋转球平挡触拍后的反弹特点

（1）上旋球：当球触拍时，继续旋转的球给球拍一个由上向下的旋转力，球拍给球一个由下向上的反作用力，因此，上旋球平挡触拍后向上反弹。

（2）下旋球：恰好与上旋球相反，平挡触拍后向下反弹。

（3）左侧旋球：平挡触拍后向右侧反弹。

（4）右侧旋球：平挡触拍后向左侧反弹。

（5）侧上旋球：平挡触拍后向侧上方反弹。

（6）侧下旋球：平挡触拍后向侧下方反弹。

（7）顺、逆旋球：平挡触拍后向两侧反弹。

（四）如何增强球的旋转

（1）击球时要使作用力线远离球心：乒乓球的旋转程度，决定于作用力的大小和力臂的长短。所谓力臂就是旋转的轴心与作用力的垂直距离（图 2-1-17）。在作用力不变的情况下，力臂越长旋转力越强。因此采用 F_2 的拍形角度和发力方向打过去的球旋转力较强。根据 $F=KP$ 这一公式，摩擦力 F 与摩擦系数 K 及物体间的正压力 P 成正比。如果球拍摩擦球过薄时，反而造成球在拍面上打滑，从而使球旋转较弱。因此，击球时首先要使球拍"吃"住球，才能增大摩擦。

（2）加大挥拍击球速度：加大挥拍击球时切、削、搓、拉作用力，是增强旋转的关键。击球时，要充分发挥前臂、上臂、手腕和腰、腿的配合作用力，最大限度地加快挥拍速度。

（3）用球拍合适的部分击球：用球拍合适的位置击球，有利于增强球的旋转。挥拍击球时，球拍靠近拍柄部分的摆速 V_1 小于球拍中部的速度 V_2，更小于球拍顶端的速度 V_3（图 2-1-18）。

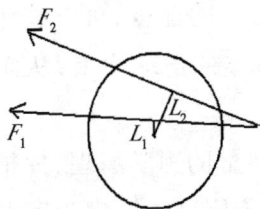

图 2-1-17　加转球的用力

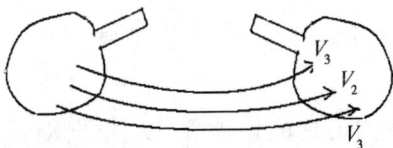

图 2-1-18　不同触拍部位的击球

因此,在发加转球时,用稍靠近拍端的适当部分击球,有利于增强球的旋转。在削球时用球拍靠近拍端的中下部击球,有利于用力和增加对球的摩擦力,这样可以加强球的旋转。反之,在拉球时,用球拍靠近拍端的中上部去击球,也易于用力和增加对球的摩擦力,有利于加强球的旋转。

(4)借用来球的旋转:这是一种顺着来球旋转方向增强旋转的方法。其关键在于提高击球瞬间的挥拍摆速。来球越转,摆速越要快。如果球拍的击球瞬间速度超过拍触球时本身旋转的线速度,就可增强回球的旋转强度。

(5)击球时尽可能把力量集中于球:要有合理的击球技术,同时身体各部分要协调用力。有些初学者向上提拉球时,往往身体后坐或后仰,尽管挥拍击球用很大的力量,但由于身体其他部位的反作用力,反而削弱了作用于球的力量,因此也不可能把球拉得很转。

(6)改进球拍的性能:主要是指要增大球拍的摩擦系数。

(五)如何对付旋转球

(1)了解乒乓球旋转的规律,正确地判断来球的旋转性质及旋转强度,了解和熟悉各种不同性能球拍的击球特点是对付旋转球的前提。

(2)可用调节拍面方向和拍面角度的方法来对付旋转球。如用推挡回接对方发至反手位的左侧上旋时,拍面方向偏左一些,拍面角度前倾一些。

(3)用主动发力对付旋转。假若对方削过来的球偏高,可作近似直线的扣杀,由于大力扣杀,击球力量大大超过了来球的力量,从而削弱了对方来球的旋转作用。根据这一原理,在回击低球时,主动发力击球,比较不易"吃"转,反之,越不敢打,越容易"吃"转。

(4)用速度对付旋转,一般可采用如下几种方法:

①提高单位时间的击球次数。板板紧逼,迫使对方在匆忙中回击,从而影响对方的击球质量,从中取得主动。

②突发性要强。在与对方相持中,突然加快击球的速度,可以破坏对方的击球节奏,使其难以反应而勉强回接,也可削弱对方的击球质量,从而赢得主动。

③挥拍击球的速度要快。根据动量变化等于冲量的力学原理,挥拍击球的加速度越大,其动量也越大,则给球的力量也越大。因而在一定程度上可以减

小对方来球的旋转作用。

（5）以转制转，以不转制转

①顺旋转击球。采用这种方法击球，可以借用来球的旋转力，提高回球的旋转速度。例如，以拉对削或以削对拉。这种方法对于使用黏性较小的球拍的运动员效果更好。因为顺旋转击球时，黏性较小的球拍可能减小球在拍面的滚动作用，可以少"吃"转。同时还可部分地保留来球的原旋转力，使对方自己"吃"自己的转。

②逆旋转击球。如对攻、对拉、对搓等。使用这种方法击球主要靠自己发力，并要注意调整拍形和发力方向。

③避转法击球。任何一种旋转球都是越靠近旋转轴的部位，其旋转越弱；越远离旋转轴部位，其旋转越强（图2-1-19）。

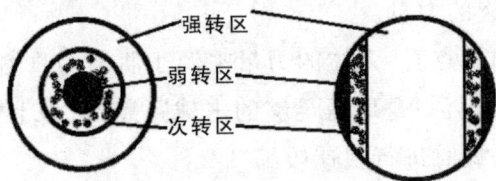

图 2-1-19 不同触拍部位的击球

根据这一特点，在必要的情况下，可以改变击球部位，避开强转区击球，而减少"吃"转。例如用推侧旋的方法来回击弧圈球可以少"吃"转，就是这个道理。

采用避转法回击旋转球，一般都能改变来球的旋转轴。因为当挥拍方向和来球的旋转方向有一定的夹角时，来球的旋转轴就必然发生变化。如前所述，用推侧旋来回击弧圈球，以及用攻球回击侧旋球，用侧身滑板突击下旋球等，既避开了强转区击球，又改变了对方来球的旋转轴，所以可以少"吃"转。

④倒板法击球。运用两面不同性能的球拍倒板击球，既可减少"吃"转，又可使旋转变化。

四、击球力量

在现代乒乓球技术中，增大击球力量，无论是用于对付强烈上旋的弧圈球，还是转与不转的削球，都具有重大的作用。比赛时，击球的力量大、球速快，能较容易取得主动，甚至直接得分。

（一）击球力量分析

乒乓球的击球力量，是通过球拍作用于球体而体现出来的。力量的发挥主要是为了使球获得更快的飞行速度。触球时，球拍的瞬时速度越大，则击球力量越大；反之则越小。触球时的球拍瞬时速度与挥拍的加速度和击球距离有密切关系。在挥拍加速度相同的情况下，击球距离越大，球拍触球时的瞬时速度越大；反之则越小。在挥拍的击球距离一定的情况下，加速度越大，球拍触球时的瞬间速度越大；反之则越小。因此，要加快触球时的球拍瞬间速度，就必须提高挥拍的加速度，具备足够的击球距离。

（二）提高击球力量的一般方法

（1）要提高击球的力量，击球前必须快速移动步法，调整击球位置，尽可能使身体与击球点保持一定的加速距离，以利于加快击球的挥拍速度，以及充分发挥身体各部分肌肉的力量。

（2）从生物学的观点看，人体的力量来源于肌肉的收缩。因此，击球前，要充分引拍。有两个作用：一是取得足够的击球距离；二是手臂、腰各部分的肌肉得到拉长，以利于击球时进行快速收缩。

（3）击球时要掌握好发力的时机。除注意保持足够的加速距离外，还要提高击球瞬间的挥拍速度，即加速击球前的挥拍加速度。

（4）击球时要充分发挥全身各部分肌肉的协调用力。配合转体使用腰力，并使重心前移，要使上臂、前臂、手腕和腰部、腿部等动作在挥拍过程中所发挥出来的力量，集中地用在击球上。

（5）击球后，必须使身体各部分肌肉充分放松，迅速恢复，为回击下一板球做准备，以利再次击球。

（6）要重视力量素质，主要是速度力量，即身体各部位的爆发力。经常进行各种提高力量的辅助练习，增强肌肉的爆发力，可提高用力的协调性。

五、击球落点

乒乓球的落点是指球的着台点。从击球点到着台点之间所形成的线，叫击球路线。研究乒乓球的落点和击球路线对于提高击球质量和战术效果是十分重要的。所谓"落点刁，球路活"本身就包含着战术因素。

(一)研究击球落点的作用

(1)扩大对方的跑动范围:最大限度地调动对方,使其在前、后、左、右跑动中击球。例如,长短球结合、逼大角度、交叉攻击左右大角度等,增加对方回球的难度。这样的落点给对方造成的威胁大,不仅可以调动对方大范围地左右移动,而且有助于摆脱对方的控制。

(2)增加对方让位和击球的难度:攻追身球,落点越接近对方身体,对方就越难让开。回击近网球,让对方无法拉弧圈球,不易发力。落点让对方越"别扭"越好,使对方不能及时占据合适的击球位置,勉强回击造成回球失误或影响击球质量。

(3)回击对方的弱点和压制对方特长技术的发挥:紧逼对方的技术弱点,既能够有效抑制对方的特长,又有利于充分发挥自己的技术。

(4)声东击西使对方失误:回球落点与对方所判断的方向及步法移动的方向相反,效果最好。

(二)提高控制落点和变化落点能力的方法

(1)固定落点的练习:在基本技术练习时,将球台区划分为若干区域,要求运动员将球回击到所规定的范围内。

(2)按规定击球路线进行变化落点的练习:如一点打多点、多点打一点;逢斜变直、逢直变斜等练习。

(3)采用多球练习的方法:要求运动员将不同落点、不同旋转性质、不同速度和力量的来球回击到某一击球区域内,或命中某一目标。

(4)提高腕关节灵活性:经常进行变化拍形角度和拍面方向的练习。

第二节 常用术语

一、球台及乒乓球

球台的上层表面,叫比赛台面。比赛台面应为与水平平行的长方形,包括台上面的边缘,不包括上面边缘以下的侧面。球台长 2.74 米,宽 1.525 米,离地面高 76 厘米。沿每个 2.74 米的比赛台面边缘各有一条 2 厘米的白线,叫边线;沿每个 1.525 米比赛台面边缘各有一条 2 厘米的白线,叫端线;一条与边线平行装饰球台划分为两个相等的"半区"的 3 毫米宽的白线,叫中线(图 2-2-1)。球网把台面划成两个左右相等的台面。球网高 15.25 厘米,网宽 18.3 厘米。乒乓球直径 40+毫米,重量约 2.7 克。乒乓球颜色有白色或黄色两种。

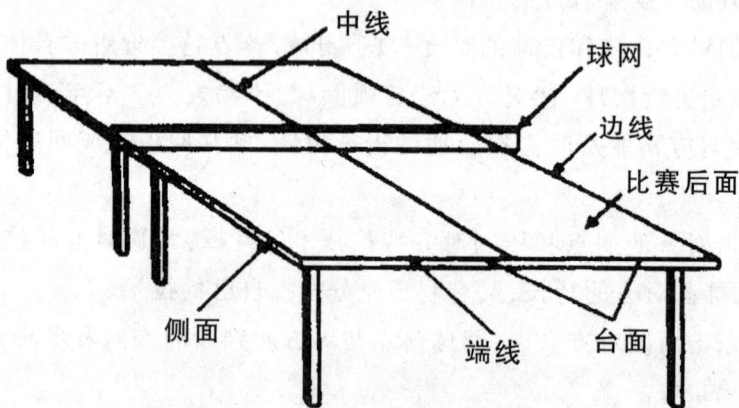

图 2-2-1

二、击球路线

击球路线是指从击球点到落台点之间形成的线,即球在球台上空飞行弧线的投影线。五条基本线路(以击球者为基准)为:右方斜线,右方直线,左方斜线,左方直线,中路直线。中路直线球在实际比赛中是随时以站位而定的,即追身球,也称中路追身球(图 2-2-2)。

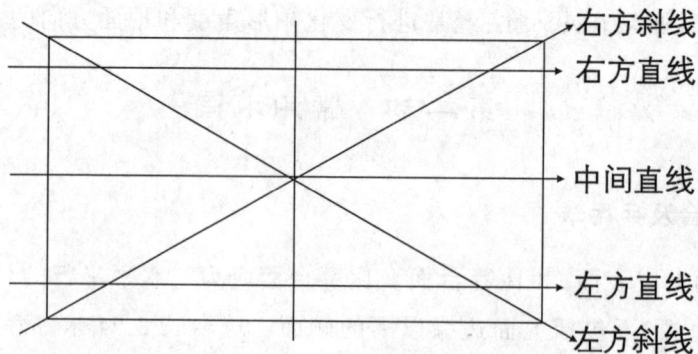

图 2-2-2 击球路线

三、击球部位

击球部位：球拍触及球的部位（图 2-2-3）

（1）上部：球拍触球在 12~1 的部位。

（2）中上部：球拍触球在 1~2 的部位。

（3）中部：球拍触球大约在 3 的部位。

（4）中下部：球拍触球在 4~5 的部位。

（5）下部：球拍触球大约在 6 的部位。

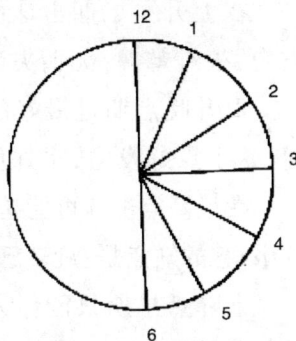

图 2-2-3

四、击球点

击球点，指击球时，球拍与球接触瞬间的那一点所属的空间位置，这是以击球者所处的相对位置而言的，包括击球位置（前后，左右，高低）和击球部位。击球位置：前后是来球在落台后起跳点在台面上的深浅，以网前跟端线为基准，球台中间为衡量点。左右是距离你身体左右侧横向的远近，以球台边线为基准，中线为衡量线。高低是球起跳后运行的高度，以网高、台面为基准，个人身高为衡量位。综合判断。击球部位是指球的上中下、左右侧、板与球接触的那一点触球部位。击球点有利于发力和提升准确性，有利于保持正确的击球姿势。击球不准确，多半是由于步法不到位造成的。

五、击球时间

击球时间是指来球在本方台面弹起后至回落的那段时间。打乒乓球存在 5 个击球时期：上升早点期、上升晚点期、最高期、下降早点期和下降晚点期（图 2-2-4）。

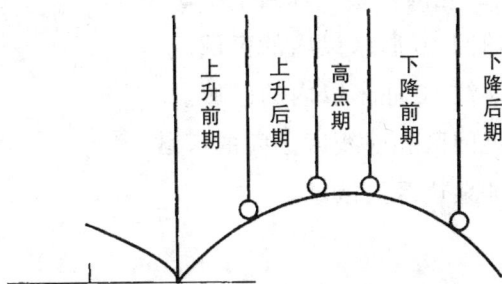

图 2-2-4　击球时间

在上升早点期击球借力相对容易,但这个点球比网低,球速快,所以很难发力,很难掌握,无谓失误将增多。

上升晚点期是最好的击球时间,此时球旋转还没发出来,有一定的准备时间,这个点好发力,也好借力而且出手速度快,动作隐蔽。

在最高点击球可能是最容易的、最稳定的,它的优点是:弧线高,时间充裕,难度小,它的缺点是:旋转已发出,出手速度不快,动作不能隐蔽,击球威胁不大。

下降点早期只能作为辅助的击球点,往往在旋转很强、自己难以发力调节时偶尔使用。在这个点击球时旋转强、球点低、借力难、调节难。

在下降点晚期击球是最不可取的,除了放高球和失位的扑救,尽量不要使用。

六、比赛台面的区域

在练习时,教练员常常对运动员击球的范围做出明确的规定,常用的术语有:

(1)"右半台"或"右1/2台"从右边到中线之间的台区。"左半台"或"左1/2台":从左边线到中线之间的台区(图2-2-5)。

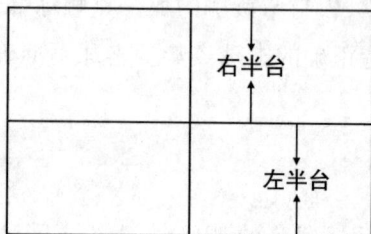

	右半台	
	左半台	

图 2-2-5　左右半台

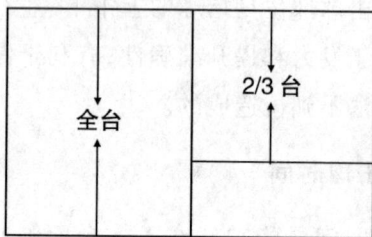

全台	2/3 台

图 2-2-6　全台及 2/3 台

(2)2/3台:指击球的范围占球台的2/3(图2-2-6)。

(3)全台"指击球的范围占整个球台。

(4)近网区指距球网40厘米以内的区域。

(5)底线区指距端线30厘米以内的区域。

(6)中区指介于近网区和底线区之间的区域。

(7)边区指靠近球桌边缘的区域。

七、球拍拍形

球拍拍形包括拍面角度和拍面方向。

1.拍面角度

拍面角度是指拍面与台面所形成的角度(图2-2-7)。

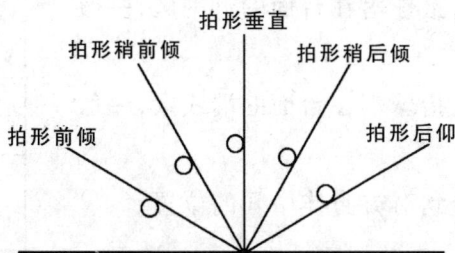

图 2-2-7　拍形角度

(1)拍形前倾:拍面与球台的角度为45°左右。

(2)拍形垂直:拍面与台面成90°为垂直。

(3)拍形稍前倾:拍面角度介于拍形前倾与拍形垂直之间。

(4)拍形后仰:拍面与球台的角度为135°左右。

(5)拍形稍后仰:拍面角度介于拍形垂直与拍形后仰之间。

2. 拍面方向

拍面方向是指球拍左右偏转时,与球台端线所形成的角度。

八、站位

根据练习者所站立的位置与球台端线的距离,可分为近台、中近台、中台、中远台和远台。近台距离端线50厘米以内范围。中台距离端线70~100厘米处。远台距离端线150厘米以上的范围。中近台介于近台与中台之间,中远台介于中台与远台之间(图2-2-8)。

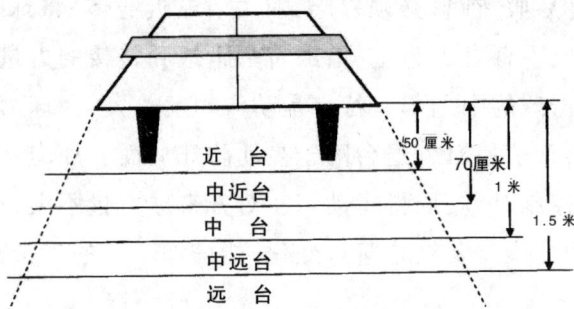

图 2-2-8　站位

九、短球、长球与追身球（图 2-2-9）

短球又称近网球，指球落在台面的近网区，一般距球网 40 厘米以内。

长球又称底线球，指球落在台面的端线区，一般距端线 30 厘米以内。

追身球，指将球击到对方身体中间的位置。

近网区
中　区
底线区

图 2-2-9　短球、长球

十、击球节奏、摆速

击球节奏：是指在击球时由于击球时间、发力大小、摩擦球厚薄等因素而形成的在击球速度上快慢不同的节奏。

摆速：一般是指在击球中左右两面照顾时，持拍手摆动的快慢。

十一、发力方向与发力方法

发力方向：是指运动员击球时向哪一个方向发力。同一个拍形可以有不同的发力方向。

发力方法：是指击球时，运动员身体各部位的发力顺序和主次关系，特别是大小臂的发力顺序和主次关系。同时还要说明击球时是以撞击为主，还是以摩擦为主。

十二、加力推

是乒乓球运动推挡球的一种。动作要点是：手臂自然弯曲并作外旋，拍面角度稍前倾，上臂后收，前臂必须提起，肘关节贴近身体，将球拍置于身体前方较高处。击球时以手臂发力为主，借助右脚蹬地和转腰的力量。在来球的上升后期或高点期击球的中上部。特点是动作幅度较大，回球力量重，球速快，能压制对方攻势，常迫使对方退台陷于被动防守局面。加力推与减力挡配合运用能更有效地控制对方，取得主动。在对方来球力量不大，或站位不到位的情况下，可使用加力推。若结合落点变化，能增加一定的攻击力。

十三、推挤

回球带左侧下旋、弧线低、回击斜线角度大。能主动改变旋转球性能、变

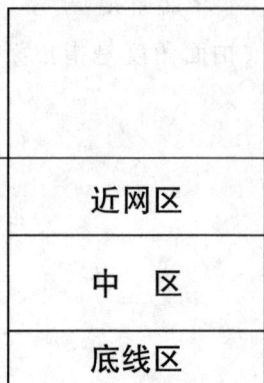

化角度。由于触球部位是来球的侧部,所以也是对付弧圈的一种有效方法。

十四、减力挡

落点低、力量轻。回接对方的大力扣杀或加力推挡时能减弱回球的力量,如与加力推结合运用,可以前后调动对方,是对付中台两面拉或两面攻打法的有效战术,它还常用于接加转弧圈球。

也是乒乓球运动推挡球的一种。适用于对付上旋不强、力量不大的来球。动作要点与快推相似。其区别是:击球时,前臂向前下方推出的同时,手腕用力向下做推切动作,以加大球的向下旋转力量。在高点期或下降前期击球的中部偏下部位,拍面稍后仰。特点是球速较快且略带下旋,落点长,着台后的弧线下沉,易造成对方推击下网。可以在自己占主动、站位好的情况下使用。

十五、反手快拉

是横拍选手对付下旋球的一项主要技术,具有站位稍远、动作较大、球速快、落点变化多的特点,击球要点是拍形稍前倾,在球的高点期或下降前期,运用前臂和手腕的力量向前上方摩擦,主动发力击球。

十六、反手快拨

是乒乓球运动反手技术之一。是横拍进攻型运动员常用的一项相持性技术。反手快拨具有站位近、动作小、落点变化多的特点。主要用来对付弧圈球、直拍推挡或反手攻球,具有一定的速度,应与侧身攻或反手突击技术等结合运用。

拍面前倾,引拍略低,击球的上升期,触球的中上部,以腰带动前臂及手腕,向前略向上发力,稍带摩擦(图2-2-10)。

图 2-2-10　反手快拨

反手快拨的动作小、出手快、线路活,主要借来球的力量还击,使回球具有一定的速度和力量,是横板选手在上旋相持中的常用技术。

十七、反手快点

特点与运用。反手快点速度快、线路活,具有突然性,是直、横拍两面攻打法的一项重要技术,多用于前三板。如发短球后和接近网短球以及相互摆短时,常用它来抢先上手,以争取下一板的进攻机会,以左推右攻为主的运动员,如能熟练运用反手快点技术,可在前三板中获得更多的主动权。

十八、反手扣杀

是指反手用较大的力量回击来球的攻球方法。具有站位远、动作大、球速快、力量大的特点。扣杀是以力量制胜的一项重要技术,手臂、腰、腿要协调配合,增加击球爆发力。

十九、反手快撕

横板运动员用反手近台快拉对方挑过来的上旋球技术,在实践中称之为"撕"。由于此项技术运用具有非常强的针对性以及技术发展所产生的普遍性,为了与普通快拉相区别,以给人以比较形象和更深刻的印象而得名。此项技术具有击球点早、动作较小、出手快、突然性强、准确性较高的特点。在技术方法上,反手快撕与反手拨球主要区别在于快撕时对球的摩擦多和对来球的旋转的控制因素多,回球更加旋转,而拨球是略带弹击的方式发力且有一定的借力因素,回球力量衰减快。使用时,较高的来球多使用拨球方式回击,较低的来球可以多加摩擦快撕(图2-2-11)。

2-2-11　反手快撕

二十、拧

正手握右侧旋技术。由于动作的用力方向和外观有些像人们用手拧螺栓的样子而得名。用此项技术击球后,运行中的球旋转方向比较特别,带有右侧上旋的性质。从这点看,此项技术可以说是介于搓球和挑球之间的中间产物。其动作方法是,球拍适当躺平,保持竖直状,接触球的中下部,向右侧中部摩擦,手腕先旋内,再旋外,整个运动轨迹,近似于向左方的半弧型。在实践中,直拍多用此项技术。

二十一、正手晃接

侧身位用正手(以右手为例)以搓左侧旋的方法,接左方台内短球,至对方反手底线的长线技术。

由于在运用这项技术时,运动员常伴有身体由右向左的转晃动作,以迷惑对方对球线路的正确判断,故在实践中,人们为了区别正常的搓接技术,而形象地把它称之为"晃接"。此项技术常被运动员用在接发球中,特别是接短球时。它具有隐蔽性强、击球线路外撇、产生大角度球、不易使对方上手发力抢攻的特点。动作方法是,在上升期,击触球的右后中部,向左侧下部摩擦,使运行中的球带有左侧下旋。在整个击球过程中,板面基本呈横状,稍竖起,手腕保持适当的外展状态,由右上向左前下方发力。

二十二、劈

接短球时,发力搓对方底线长球。具有击球点高、力量大、球运行速度快的特点,常给对手非常顶的感觉,使其难以拉开手发力进攻。手上的动作是,在来球的高点期,接触球的中部,向中下部摩擦。在摩擦中最好给球适当的撞击力,以使球产生足够的手动速度。在击球过程中,板面稍竖起。以前臂为主,直接向前下方发力。体会手握菜刀向左右两侧砍东西时的用力感觉。

二十三、挑

一种进攻台内短球的方法。按种类划分,属攻球技术。具有动作小、出手突然、主动意识强的特点。动作要领是:在来球的高点期,击球中后侧部,向前上或上方侧(根据挑球的线路而定)发力。击球时,以前臂发力为主,上臂适当靠近身体,重心略向前倾,这可增加手对球感觉的准确性。

二十四、摆

台内快搓短球。由于力量小,有些像平时人们轻轻摆放东西的感觉而得名。常用于接发球中。具有击球时间早、出手速度快、球不出台的特点,使对手难以上手拉攻,较好地为下一板进攻创造机会。动作方法是:在来球的上升期,击球中下部,以向前下方发力为主。略带向侧的力量。击球时,手腕要相对固定,以前臂发力为主。击球点要尽可能靠近身体,击球瞬间有一较小的制动动作,摆出高质量的短球。

二十五、长球

乒乓球运动术语。指落在距球台端线 30 厘米范围内的球。具有弧线长、冲力足、威胁大等特点。

二十六、短球

乒乓球运动术语。指落在距球网 40 厘米范围内的球。具有弧线短、冲力小等特点。与长球结合使用,能调动对方前后奔波。

二十七、步法

乒乓球运动术语。击球者在移动过程中依靠下肢完成各种动作。包括单步、跨步、滑步、交叉步等,有时需要将其中两种或两种以上步法结合起来使用。练就起动快,移动及时、到位的步法,能保持合适的击球位置,提高动作质量,又能扩大控制球的空间。

二十八、单步

乒乓球运动步法的一种。指以一脚的前脚掌为轴,另一侧向前、后、左、右某个方向移动一步的步法。特点是移动范围小、重心较为稳定。多在来球离身体不远的情况下使用,如上步接近网球、让步接追身球等。

二十九、跨步

乒乓球运动步法的一种。指以一脚向来球方向跨出一大步,另一脚跟着移动的步法。多在来球急、角度大的情况下使用,如"打回头"、削接左右大角度的来球等。特点是移动范围较大、身体重心起伏也大,一般适用于打借力球。

三十、滑步

乒乓球运动步法的一种。指两脚几乎同时向来球方向蹬地,然后以来球反方向的脚先落地、同方向的脚后落地的步法。多在来球角度较大、球速快时采用,如连续攻(拉)等技术。特点是移动范围较大,身体重心平稳,便于发力。

三十一、交叉步

乒乓球运动步法的一种。指离球远的脚朝来球方向跨出一大步,并从前面超过另一脚形成交叉状,另一脚再向来球方向移了一步的步法。多在来球远离身体的情况下采用,如侧身后从球台左方移至右方大角度击球技术。特点是移动范围最大,便于发力进攻,需要上下肢、腰和髋等部位协调配合。

三十二、发球

乒乓球运动技术名词。指比赛时每一个回合中的第一次击球。运动员将球抛起,先击中本方台面一次,并越网或擦网在对方台面。双打时须将球先击中本方右半区台面一次,并越网落在对方的右半区台面。每方都有轮换发 2 分球的权利,如双方均得 10 分,每方轮换发 1 分球,直至比赛结束。按身体方位有正手发球、反手发球之分;按身体姿势有站立式发球和下蹲式发球之分;按抛球高度有低抛发球和高抛发球之分。发球时灵活多变,常能直接得分或为下一板球的进攻创造条件。

三十三、晃接

包括晃搓和晃挑。它是指侧身位用正手挑或搓左侧旋的方法,接左方台内球,至对方反手底线长球的技术。特点是隐蔽性强、击球线路外撇、产生大角度回球、使对方不易发力上手抢攻。

三十四、撕

是横板用反手近台快拉对方挑过来的上旋球技术。特点是击球时间早、动作快、突然性强、准确性较高。与普通快拉和快带区别在于撕更强调较早的击球时间和自己的主动发力。

三十五、点

正手近台攻下旋球,是直板正胶运动员经常使用的技术。其用法和作用近似正手突击,但是比突击的力量小一些,准确性更容易把握。击球特点是:出手比较快、动作小、突然性强,如能配合较好的落点,常常能起到出奇不意的效果。是直板正胶运动员上手争取主动的非常有效的技术。

三十六、敲

这是横板反手和直拍横打反面的技术。它是对付对方过来的弧线略高的弧圈球。类似生胶反手弹击,但回球速度要快得多且下沉。动作要领:站位中近台,上身正对台面,向后引拍不要过大,板面保持稍稍竖直,在来球的上升期击球的中部,以向前发力撞击为主,尽量不要摩擦,整个过程手腕和前臂一定充分紧张。身体向前倾,辅助发力。

三十七、抹

类似滑板和带的综合技术。其中最常用的一种是,横板在回接反手位短球时,在球的上升期或高点期,接触来球的正面并向右上方摩擦,回到对方正手。要求动作突然且弧线低。该技术的特点是带晃,节奏变化,突然减力,造成对方原本已经迅速向后防御,突然回球变短且飘,够着拉后更加被动。

三十八、快拨

乒乓球运动推挡球的一种。动作要点是:站位靠近球台,两脚平行。引拍时手臂自然弯曲,前臂旋内并后引,将球拍引至腹前偏左位置。击球时,肘关节内收,前臂旋外向右前方挥拍,手腕伸展使拍面稍前倾,在上升期击球的中上部,并借助来球的反弹力将球拨出。特点与快推相似,但更便于接弧圈球。

三十九、挤推

乒乓球运动推挡球的一种。动作要点与快推相似。其不同之处是:引拍时前臂上提,将球拍引至身体前上方。击球时,伸腕动作的幅度较大,在来球的上升期击球的左侧中上部,手臂向左前方挥拍。特点是弧线低、角度大,且带有侧下旋,能加大对方的回球难度。是对付弧圈球的有效方法之一。

四十、快带

乒乓球运动攻球的一种。在正手位运用较多。动作要点是:

(1)站位离台较近,左脚稍前,手臂自然弯曲,前臂内旋使拍面前倾。

(2)击球时,手臂将球拍引至身体右前方,腰部迅速左转,手腕固定,拍面前倾,在来球上升期击球的中上部。

(3)借助来球的反弹力量击球。特点是出手快、弧线低、落点活。常在相持阶段或在被动向主动进攻过渡时运用。

四十一、前冲弧圈球

乒乓球运动弧圈球的一种。正手击球的动作要点是:击球前,将球拍引至身体右侧偏后,约与台面同高,拍面稍前倾。击球时,前臂在上臂的带动下迅速内收,手腕略微转动。手臂向前上方挥拍,在来球的高点期或下降前期击球的中上部。拍面前倾的角度较大,约为 60°。特点是球速快、弧线低、前冲力和主旋力强。在对付上旋球或旋转较弱的下旋球时,可作为扣杀得分的手段。

四十二、反手弧圈球

乒乓球运动弧圈球的一种。多为横拍运动员所采用。动作要点是:击球前,将球拍引至腹前下方,腹部稍内收,肘部略向前伸出,手腕下垂,拍面前倾。拉加转弧圈球时,前臂迅速向上挥动并借助手腕转动的力击球。拍面接近垂直,球拍在来球的下降期摩擦球的中部,作为抢先上手、争取主动的手段。拉前冲球时,手臂应向前上方发力,拍面向前的角度大,在下降前期击球的中上部。在相持时使用,可作为进攻得分的手段。特点是动作较为稳健,旋转和速度容易控制。

四十三、正手右侧旋弧圈球

乒乓球运动弧圈球的一种。主要用于对付下旋球。动作要点是:执拍手的手腕内扣,使拍面向一侧偏斜。击球时,从球的右侧中部向左侧上部摩擦。腰部左转的幅度较大。特点是旋转性能混合(主旋加侧旋),飞行弧线偏拐,能加大击球的角度,增强节奏等变化。

四十四、直拍反打

又称"直拍横打"。乒乓球运动快攻型打法的一种。指直拍运动员使用球拍反面的覆盖物击球。特点是能增强拍面控制的灵活性,充分发挥前臂的力量。与传统的直拍攻打法相比,这种打法的反手技术(如拉、抽、弹、拨、挑等)更为丰富多样,反手位的攻击力也更强。由中国运动员发明。

四十五、提拉球

乒乓球运动技术名词。是攻球运动员对付下旋球时常用的技术之一。动作要点是:击球时球拍从右下方朝左前方加速挥动,拍面接近垂直,在来球的下降期击球的中部或中下部。特点是落点活,球路稳定,并带有一定的主旋力。比赛中,双方处于相持阶段时用此过渡,常能为扣杀创造机会。

四十六、国际乒乓球联合会(图 2-2-12)

国际乒乓球联合会(International Table Tennis Federation,ITTF),简称国际乒联,1926 年成立于柏林。国际乒联的标记图案由球拍、球网、球和球台组成,表示乒乓球运动,球网是用国际乒联的英文缩写"ITTF"表示,穿插于球网中间的是一只球拍,"F"字母上有一圆点表示乒乓球的形状,由"F"和其上面的圆点组成一个运动员的躯体形状,在球拍、球网、球的下端有一条平行线段表示球台。

图 2-2-12 国际乒联会标

四十七、打乒乓球要做到三个关键

一是身体要放松;二是动中打;三是触球快。

四十八、打乒乓球基本姿势

(1)上体略前倾,适度收腹含胸。(2)持拍手臂自然弯曲、置于身体右侧,大臂与前臂夹角近于 90°。(3)持拍于腹前偏右侧,离身体约 30 厘米。(4)两膝微屈,应感觉到身体对膝关节有适度的压力。(5)相对于球台端线而言,通常左脚稍站前一点。(6)两脚的前脚掌内侧着地,略提踵。(7)两肩基本同高,肩关节放松,避免耸肩,未击球时也不应该刻意地沉肩。(8)球拍不要沉的过低。(9)非持拍手自然放于腹前,与持拍手基本同高。(10)两脚开立,略比肩宽,但也不能过宽。

四十九、纠错过正

乒乓球比赛或练习中出现技术问题,知道错,但往往又改不了或改的不彻底。怎么办?如果接发球经常从一侧出界,你就想法子让球从另一侧出界,如果经常下网,你就想法子让球出界,如此等等。试一试,多体会肌肉感觉,让动作告诉你另一个极端事实,或许会使你对技术动作的使用有豁然开朗的感觉。这就是所谓的纠错过正论。

第三节　熟悉球性

运动训练是有一定规律的,如果不了解、不遵循这个科学规律,往往达不到训练的目的。乒乓球运动技术提高的过程,大致可分为启蒙阶段、基础阶段、强化基本功阶段、技术隆起阶段、锋芒阶段、进取阶段等。初学者应该了解技术提高的发展规律,掌握好教学训练的正确起点(即启蒙阶段)。初学打乒乓球时,由于乒乓球小、弹性大、难以控制。经常出现打不到球或是打球出界、下网以及东拐西歪,很难把球打到对方台面的状况。主要原因是对乒乓球和球拍的性能不熟悉。因此,初学者在上台学习之前,应先进行熟悉球性的训练,为上台训练打基础。刚开始学习打乒乓球的人,看见打球好的人,一定很羡慕,希望自己也能打好。但是,技术仅用脑想是掌握不了的,必须苦练。要掌握一门技术,练习是非常重要的。用什么方法,按照什么样的顺序,怎样才能又快又好地掌握技术,这都是需要充分考虑的。所以不能急于求成,要踏踏实实,循序渐进,一项一项地掌握。

一、持球拍的练习方法

(一)击吊球

把一个乒乓球用线绳吊起,使球与练习者腰部齐高,持拍对它连续挥击。

方法:利用破裂的乒乓球,灌进少量沙子,用白纱布、黄布或破塑料包缝住,穿上线绳把球吊起来,高度可在球台面以上,使练习者感到合适为宜。可依次悬吊 10~20 个球。初学者可先在原地击一个吊球练习,然后结合步法移动,连续击球 20 个,击完后返回,再循环。要求初学者以正确的击球手法带动步法,使全身协调配合用力。教练应根据初学者的情况,安排具体的练习内容、次数和组数,以期建立正确的击球动作,为上球台打基础。

练习提示:使用中等力量连续击球,体会拍触球的感觉。横拍可两面转换击球。

(二)托球

方法 1:右手执拍于胸前,拍面持平,左手轻轻将球抛起(左手执拍者反之),待球下降至胸部高度时,轻轻向上托球,使球弹离球拍上升一定高度。

练习提示:要由慢到快,由轻到重,由低到高,体会拍触球的手上感觉。熟悉后,由原地再左、右、前、后移动脚步托球,练习向左可旋转身体 180°~360° 托球。横拍可两面转换托球。

方法 2:持拍在球网端站好,将球轻抛于台上,弹起后用球拍连续来回将球托过球网。

练习提示:在熟练方法 1 的基础上进行。球从台面弹起再托。由高到低,由慢到快,由原地到左右移动,连续托球过球网。横拍可转换两面托球过网。

方法 3:变样托球,先练向上左右托球,再练向上前后托球,变花样托球,如通过腿的抬起托球,身体下蹲、站起、旋转变样托球等。

方法 4:二人对托球,一是二人站立,空中对托球;二是在地上画球台二人对托,或在桌面画一道线练习对托。

方法 5:原地托球。

目的:熟悉球性。

方法:运动员两脚开立,与肩同宽,用执拍手按要求握好球拍,另一只手将球放在球拍上,运动员尽量让球停留在球拍上,身体保持稳定。

要求:①握拍方法要正确。②身体和手臂放松。③身体和手臂保持稳定。④脚移动算失误。

方法 6:托球走。

目的:熟悉球性。

方法:运动员两脚开立,与肩同宽,用执拍手按要求握好球拍,另一只手将球放在球拍上,待球稳定后开始缓缓地向前行走,运动员尽量让球停留在球拍上,身体保持稳定。

要求:①握拍方法要正确。②身体和手臂放松。③身体和手臂保持稳定,尽量走直线。

方法7:托球碎步疾跑。

目的:熟悉球性,待运动员托球走的练习熟练后,可将走变成跑,要求和练习方法基本与托球走相同。

方法8:抛球。

非执拍手低抛球。

目的:熟悉球性。

方法:运动员两脚开立,与肩同宽,用执拍手按要求握好球拍,非执拍手自然伸直,球自然地置于非执拍手的手掌上,手掌张开,保持静止,此后运动员用手将球几乎垂直的向上抛起,不得使球旋转,并使球在离开非执拍手的手掌之后上升不少于16厘米,然后用非执拍手将球接住,再向上抛起,反复练习。

要求:①握拍方法要正确。②身体和手臂放松。③身体和手臂保持稳定。④非执拍手抛球时,球一定要放置在非执拍手的手掌上,否则算失误。⑤抛球时球应尽量贴住身体向上垂直抛起,如果抛出的球倾斜角度大于45°则算失误。⑥接球时,脚不能移动,无论接球时向那个方向移动,均算失误。

(三)对墙击球

方法1:一手拿球,一手持拍于身前,拍面略后仰,离墙一臂距离,面对墙站立。球抛起后,挥拍将球击到墙上,弹回后再击向墙,如此连续对墙击球。

练习提示:开始时,站位近墙,落点不限,然后,逐渐拉大与墙之间的距离,击墙的范围也由大到小。熟练后,墙上左、右、高、低画点,有意识将球击到规定的点位。

方法2:将半张球台靠于墙上,一手拿球,一手持拍,站在台前。球抛起后,挥拍将球击向墙壁,球回落在台面弹起后再击向墙,如此连续对墙击球。

练习提示:击墙落点不要高于头部,力量由小到大,落点由高到低,注意调整拍面角度,体会球撞墙、落台的弹跳性能。熟练后结合移动、落点变化,连续对墙击球。

（四）双人相对击球

方法：两人面对面站立，相距一臂，各人手握球拍相互对击球。

练习提示：力量不要太大，先在固定位置相互击球，然后，在练习走动中击球。横拍可转换拍面击球。

（五）原地颠球

目的：熟悉球性。

方法：运动员两脚开立，与肩同宽，用执拍手按要求握好球拍，非执拍手自然伸直，球自然地置于非执拍手的手掌上，手掌张开，保持静止，此后运动员用手将球几乎垂直的向上抛起，不得使球旋转，并使球在离开非执拍手的手掌之后上升不少于 16 厘米，运动员以肘关节为轴，前臂上下运动，尽量让球在球拍上上下跳动，身体保持稳定。

要求：①握拍方法要正确。②身体和手臂放松。③身体和手臂保持稳定。④脚移动应在两米之内，否则算失误。

二、徒手模仿动作的造型训练

初学者在熟悉球性的同时，做一些简单的徒手模仿动作练习是必要的，以便在上台打球前对击球动作有一个初步的感性认识。其目的是掌握正确的击球手法，为上台学好正确的基本技术打好基础。初学者一般先练推挡和攻球，练习时，先徒手练，然后执拍练。教练员对初学者在开始练习时一定要严格要求，使徒手模仿动作符合技术动作要领，不要求快，力求做到正确。可以分解逐步练习，有节奏地一步一步练，直到完整。如果初学者想知道自己的动作对不对，可以相互观察、相互纠正，也可以自己对着大镜子观察练习。如发现动作错误或不好看则应及时改正，在改正动作时可将动作放慢，改对了再逐渐加快练。

三、持球拍上台的练习方法

1. 对托球练习法

初学者对初学者练习。二人都站在球台中间，握拍稍后仰，从发托球开始，二人对托，在来球高点期击球，落点不限。运用单步移动击球，用小碎步移动调整重心，还原和选取击球位置。要求二人必须在不停地移动中打球，严禁站位不动打球。

2. 多球练习法

利用多球练习法,这是技术入门的一种重要方法,有利于快速建立动作的动力定型。准备多个球,数量越多越好,一般一盆球 200 个左右。选用理想的能挡球的不乱跑的球台练习,每次等球打完了再一起捡球,这种练习可节省捡球时间,增加打球时间,有助于很快提高技术。其方法如下:

(1)击定点球:站位右半台或左半台,放多个球。以自己不执拍手喂球,持拍手原地挥拍击球。目的是体会击球手法,提高击球的命中率,学会击球用力。

(2)击慢球:找一个会打乒乓球者喂球,将球轻轻地喂在初学者板下,让他原地移动挥拍击球。以 10 个球为一组,每次可安排若干组。目的是学会击慢球技术,培养正确的手法。

(3)击推挡球:以推挡的方式进行喂球练习。初学者每次能达到连续击球 20~30 板时,应增加下列内容的密度和难度。

①适当增加喂球的速度。

②逐渐要求初学者加大击球力量。

③推挡喂球时喂球者可扩大范围,有左右长短之变化。迫使初学者判断来球并向前、向后、向左右移动步法击球。

④推挡喂中路追身球。迫使初学者左右侧移动步法击球。

⑤喂球第一板发出下旋球。迫使初学者学会用手指、手腕用力,并学会拉击出上旋球的摩擦方法。

⑥喂球都以加力推、推下旋、快拨球的方法。迫使初学者判断、区别对待每个来球,从而在连续进攻中能适应不同性能的来球。

3. 陪练练习法

当初学者的技术动作有一定"模样"的时候,为了进一步巩固提高其技术动作水平,可采用陪练的方法,请有一定技术水平的人供球练习。由于陪练水平比初学者水平高许多,故能减少来球的失误。同时,无论初学者的来球多么不好,陪练的回球都会调整有如"喂"多球一样。这样既完成了多球练习向单球练习的过渡,又使初学者感到仍像打多球练习一样,有利于初学者单项技术的进一步提高。陪练开始练习时,一般是先做挡球、推挡球和攻球的单线练习,待比较熟练后,再做复线的定点和不定点练习。陪练练习法最好使用多球。

第四节　击球的基本环节和动作结构

一、击球的基本环节

在双方对打的过程中，每一次击球所包含的基本因素叫做击球的基本环节。根据从前到后顺序,有以下五个基本环节。

1.准备

乒乓球选手击每一板球前都要有所准备。这里的准备包含两个方面的内容:一是身体方面的准备,包括站位、身体姿势等;二是心理方面的准备,眼睛紧盯对方,时刻准备回击来球。

2.判断

根据对方的站位、击球时间、击球部位、拍形角度、拍面方向、发力方法,特别是拍触球时的情况,以及球在空中的飞行弧线、速度、旋转特点等来判断对方来球的性能。这是打好一个球所必需的基本要求,判断错误就无法回击来球。

3.移步

根据判断的结果和准备使用的还击技术,迅速采用合适的步法移动到理想的击球位置。没有灵活快速的步法,到达不了理想的位置,往往出现手快脚慢的现象,结果很容易失误。即使没有失误,还击的质量也必然很差,造成被动。

4.击球

根据判断的结果和准备使用的技术，结合采用的战术，用合理技术把球击回。挥拍击球的质量好坏,不仅取决于技术掌握得如何,而且还取决于步法是否移动得合适。有时一个很好还击的半高球,由于步法移动慢,只差一点儿位置,也会失误。这种现象在初学者中普遍存在,所以重视步法移动是非常重要的。

5.还原

击球后,要使身体重心迅速还原成准备姿势,或调整重心,使身体保持平衡,以便于随时对下一个来球进行新的判断,可以迅速移动步法去还击。能否迅速还原关系到下一次击球的好坏。有的运动员在一板大力扣杀后,以为必然得分,没有及时还原,结果被对方轻轻地把球接回,反而造成自己的被动和失误。这种情况,在比赛中是经常可以见到的。

以上五个基本环节的不断循环,直到任何一方出现失误为止,就是比赛中的"一个回合"。在这一回合中,哪一个环节处理不好,都会造成被动和失误。因此,可以说比赛的过程,就是努力保持自己击球的基本环节不被破坏,而力求破坏对方击球的基本环节的过程。

二、击球的动作结构

乒乓球击球的技术动作是多种多样的。尽管方法要领各不相同,但在击球动作的结构方面,却有共同的规律。乒乓球的击球动作一般包括选位、引拍、迎球挥拍、球拍触球、随势挥拍、身体协调和击球后放松动作等部分。

1. 选位

击球位置是否合适,直接影响击球的质量。击球位置是根据对方来球的落点和旋转性能及本方所要采取的还击方法来确定的。击球开始,要求调整好两脚位置、身体重心和身体姿势,做好挥拍击球的准备。这些动作是紧密配合、一气呵成的。

2. 引拍

引拍是指挥拍击球的准备动作。其作用是为了更好地发力。引拍是否到位,是能否击中来球的首要条件。引拍是否及时,是能否保持合适的击球点的重要因素之一。引拍的方向决定回击球的旋转性质。要使回球呈现下旋,就必须向上引拍;要使回球呈上旋,就应向下引拍。引拍动作的正确与否,影响击球的命中率和击球效果。

3. 迎球挥拍

迎球挥拍是指引拍结束到击中来球这段过程的动作。引拍与迎球挥拍是一个连贯的不停顿的动作,挥拍的方向决定回球的旋转性质,挥拍的速度决定击球的力量大小。因此,挥拍动作正确与否,直接影响击球的命中率和击球的效果。

4. 球拍触球

球拍触球是指球拍与球接触时的瞬间动作,包括拍形角度和拍面方向、击球时间、击球部位和发力方向。球拍触球时,拍面所朝的方向决定击球路线。拍形角度决定触球部位,并直接影响动作的准确性。这一环节是决定击球方向和落点的关键。球拍触球是整个击球动作中的核心部分，直接决定着回球的准确性和击球质量。

5.随势挥拍

随势挥拍是指球拍击球后有一段随势前挥的动作。这一动作有利于在击球结束阶段保证击球动作的准确性。

6.身体协调和击球后的放松动作

身体协调是指击球过程中不持拍的手臂、身体扭转、重心移动等动作与挥拍击球动作的配合关系。它能促使身体各部分肌肉的协调用力。放松动作是指击球动作完成后，随着挥拍的结束而出现的一个短暂的放松阶段。放松动作是在连续击球中保持身体平衡的关键，也是保证有节奏地连续击球的重要因素。

乒乓球教练员在教任何一个技术动作时，如果能按照以上击球动作结构的共同规律进行讲解和示范，可使运动员较快地建立动作概念。在训练中，教练员如果能按照这些环节去观察运动员的动作，会较快地发现错误。因此，了解击球动作结构对提高技术动作的分析能力和教学质量有很大帮助。

第五节　球拍的种类与性能

选择乒乓球球拍时，应考虑球拍的形状、重量、弹性、海绵的厚度及硬度、胶皮的特点和性能等多方面的因素。由于运动员的打法和握拍的方法不同，所以选择的球拍也就不完全一样。

一、球拍的形状、重量和弹性

（一）形状

目前，世界各国出产的球拍，形状是多种多样的，在直拍中有椭圆形、长方形、樽形等几种；在横拍中则有椭圆形、樽形、瓶形等几种。球拍的把柄也有粗细、长短的区别。运动员喜欢选择什么样的球拍，大都和他们的打法和技术特点有关。例如，中国运动员大多喜欢使用椭圆形的拍子，这和他们采取近台的左推右攻或两面攻打法有关系。由于这种拍子的拍柄较短，而拍身较宽，使长度适当减小而宽度适当增大，这将有利于全面照顾正、反手两面击球。日本、韩国以及中国拉弧圈球为主的运动员，则有一部分喜欢长方形或樽形的拍子，这和他们要加强正手攻球的威力有一定关系。由于这种拍子拍身较长,而拍面较窄,适当增加长度减少宽度,使球拍的打击中心略为靠下(按近拍头部位),这就有利于增大正手击球的力量或旋转。由此可见,球拍的形状常与运动员个人打法特点相互适应,使之有利于技术的发挥。

(二)重量

球拍的重量一般包括底板和附着物(胶皮和海绵)两部分重量。由于运动员的打法不同,直拍多数底板有一面附着物,而横拍则两面都有附着物。因而在研究拍重量时,就应该注意区别这些不同的情况。对中国优秀运动员所使用的球拍进行综合研究,结果表明:直拍运动员所使用的底板,其重量一般在 90~100 克,横拍运动员所使用的底板,其重量一般在 95~105 克。如加上附着物在一起计算,则直拍的重量在 120~130 克,横拍的重量在 150~160 克(150 克左右两面不同性能球拍的一般重量,160 克左右为两面贴海绵胶拍的一般重量)。上述重量的标准,和日本及欧洲运动员所使用的球拍大致相同,这和传统打法的习惯以及各国所制造的球拍厚度和形状大小相差不远有一定的关系。

(三)弹性

凡选用底板,都要求必须具备能“吃球”和不震手两个条件。要使拍子符合第一个要求,那就是弹力要适中,既不太硬,也不太软。因为底板过硬,弹力虽好,但“吃球”能力却会相对减弱;底板过软时,“吃球”能力虽好,但弹力又会相对减弱。由于运动员的打法和技术特点各不相同,加上身体条件和身体素质也各有差异,故对于底板弹力的要求也不完全相同。一般来说,打攻球的运动员多数喜欢选用木质稍硬、弹性略好的底板,打守球的运动员多数选用木质稍软、弹性略小的底板。但其中也有个别特殊情况。其次,要使拍子符合第二个条件,选择底板时,其厚度一般应在 6.5~7 毫米,凡 6.5 毫米以下的底板一般都会震手,厚度大于 7 毫米的底板,由于太厚太重,使用起来会感到不太灵便。

二、海绵的厚度和硬度

根据中国乒乓球运动员目前使用的海绵情况来研究,大致可分为以下三类:

(一)A 类海绵

厚度一般在 2~2.2 毫米,按其硬度来区分,又可分为硬型、次硬型和软型三种。

1.硬型

海绵的邵氏硬度在 43~46 度。由于这种海绵硬,反弹力大,出球快,所以它和反贴胶皮结合在一起,击球时"吃球"较薄,有利于增大球的旋转,故拉弧圈球的人多喜欢用它。

2.次硬型

海绵的邵氏硬度在 38~42 度。由于这种海绵硬中而略带软性,所以它和正贴胶皮结合在一起,不仅有利于推挡和正手攻球,而且也适用于反手攻球,左推右攻选手多喜欢用它。

3.软型

海绵的邵氏硬度在 32~37 度。由于这种海绵反弹力小,比较容易控制,因而两面攻打法,善于发挥本身力量,攻球的人多喜欢用它。

(二)B 类海绵

厚度一般在 1.5~1.9 毫米之间。目前使用这种海绵的有三种球拍。

1.生胶胶皮配以 1.5 毫米左右的硬海绵

由于海绵的反弹力稍小些,有利于增强控制球的能力,可借助本身的力量去攻球或推挡,有利于发挥生胶胶皮的特点和作用。

2.生胶胶皮配以 1.7~1.9 毫米的次硬海绵

由于海绵的反弹力适中,既有利于击球速度的发挥,又有利于增强控制球和攻球的能力,从而有利于发挥生胶胶皮的特点和作用。

3.反胶胶皮配以 1.7 毫米左右的软海绵

由于海绵的反弹力稍小些,有利于增强控制球的能力,能加大削球的下旋。

(三)C 类海绵

厚度在 0.8~1 毫米。目前使用这类薄海绵的只有长齿胶皮和它结合在一起。由于海绵的反弹力很小,既不会影响削球的控制能力,并且还有利于提高攻球的速度。

三、胶皮的特点和性能

当前世界各国乒乓球运动员使用胶皮的情况,通常有以下几种:

1.反贴胶皮

一般以拉弧圈球为主，或以削为主结合反攻打法的运动员多喜欢用反贴胶皮。这种胶皮由于胶体表面柔软，黏性大，来球与胶面接触时不易滑动，因而有利于增大球的旋转。

2.正贴胶皮

直拍左推右攻或两面攻的运动员大多喜欢用正贴胶皮。这种胶皮颗粒的高度一般在 0.8~1 毫米，在击球时不仅具有较好的稳定性，而且反弹力也比较大，容易发挥海绵及底板的作用，有利于提高击球的速度和力量。但因胶体的含量不是很大，颗粒比较硬，缺乏黏性，所以摩擦力远不如反贴胶皮。

3.生胶胶皮

一般近台左推右攻或两面攻的运动员喜欢用生胶胶皮。这种胶皮在规格上和正贴胶皮很相似，只是胶体的含胶量比正胶皮大，故颗粒比较柔软，弹性也较大。击球时，在重打的情况下，控制球的能力较好，有利于消除弧圈球强烈的上旋；但在轻打的情况下，稳定性不如反贴胶皮，容易使球产生下沉现象。这种胶皮大多与 B 类海绵结合在一起，用以提高击球的稳定性。

4.长齿胶皮

一般采用两面不同性能球拍以削为主或削、推、攻结合的运动员喜欢用长齿胶皮。这种胶皮的胶体柔软，颗粒高度在 1.5~1.7 毫米，故称长齿胶皮。由于胶粒、长、软，故胶粒容易倒斜。在回击对方的轻拉球和不转搓球时，回球是不转球；回击对方的加转弧圈球或突击球时，回球呈下旋；回击对方的下旋发球或搓球时，回球呈上旋。对方来球旋转越强，回球的反向旋转也越大。一般情况下，这种胶皮不易主动制造强烈的旋转，主要依靠击球的不同旋转而产生相反的旋转。所以，采用两面不同性能球拍的运动员常利用长齿胶皮和反贴胶皮在性能上的差异来扰乱对方，争取主动。这种胶皮一般都与 1 毫米以内的薄海绵结合使用。

5.防弧胶皮

一般采用两面不同性能球拍的削攻结合运动员多喜欢使用防弧胶皮。这种胶皮的胶齿较短、胶皮厚、硬而有点儿发"木"，也有软的。这种胶皮弹性很差，它和 2 毫米左右的软海绵和次硬海绵结合在一起，有利于消除弧圈球的强烈上旋，增强控制球的能力，其性能与长齿胶皮基本相同。

第三部分　学校课程教学内容

第一章　学校乒乓球社团活动计划

一、活动目的及任务

为发展学生的个性和特长，激发学生广泛的兴趣爱好，丰富校园课余生活，推动学校乒乓球运动的发展，促进学校乒乓球运动技术水平的提高，为了在教学中取得更好的效果，尽快地提高学生的球技，特制定本计划。

二、现状分析

由于我们的队员都来自县城，基础相对较弱，大部分队员连一个乒乓球拍子都没有，平时打球完全是随便乱打一气，因此只能从最基本的握拍方法教起（当然队伍中也有个别同学有一定的技术水平，他们可以协助老师帮助其他同学）。另外队伍中女队员很少，女队员的基础也更差。要提高，确实要经过长期的训练才行。

三、时间安排

每周星期二至星期五早操；周二、周三综合实践课。

四、训练要求

学生训练课的内容、形式、要求多种变化，各种练习手段尽量与游戏活动相结合，以激发学生对乒乓球的兴趣。首先要以培养学生的球性和基本功为主，对那些基础相对较好的学生还要培养其竞赛水平和心理素质。

五、具体训练内容安排

准备期：（一周）

（1）召开全队队员会议，制定制度、训练、纪律。

（2）准备训练所需器材。

第一阶段：入门阶段，从握拍的方法开始教，以乒乓球球性训练为主。

（1）直拍握拍方法和横拍握拍方法。

（2）乒乓球球性训练。

（3）最基本的发球：正手平击发球。

第二阶段：乒乓球基本技术练习（包括手法和步法）。

（1）发球与接发球。

（2）推、挡球技术。

（3）搓球技术与削球技术。

（4）正手快带与反手快带。

（5）基本步法训练。

第三阶段：巩固基本功球性训练，巩固及提高阶段。

（1）学生的相互推挡、搓球、削球、快带及正手攻球。

（2）以开火车的形式进行球性练习，培养学生的运动兴趣。

第四阶段：发球和接发球练习，专项技术训练。

（1）主要讲解发球的技术动作，发球包括下旋、侧旋，以及奔球。

（2）接发球要求站位正确，注意力集中。

（3）乒乓球专项技术训练。

第五阶段：乒乓球基本战术在比赛中的运用，以赛前训练为主。

（1）乒乓球基本战术的教学。

（2）学生队内进行比赛，可以用多种形式进行，以提高比赛成绩。

（3）训练学生在比赛中的心理素质。

第二章　乒乓球的基本动作及步法

一、教学内容

（1）简述乒乓球运动特点及健身价值。

（2）学习握拍，基本的准备姿势。

（3）学习移动步法、单步、并步、交叉步。

（4）上台学习斜线推挡。

二、教学任务

（1）掌握打乒乓球的基本姿势。

（2）初步掌握推挡技术。

三、教学内容、组织教法

1. 简述乒乓球运动特点及健身价值

（1）非直接身体接触。乒乓球运动与排球、网球、羽毛球都属于隔网运动。在进行隔网运动时，双方没有身体上的接触与对抗，减少了身体上的冲撞带来的运动损伤。

（2）简便性。乒乓球运动对器材要求比较简单，可以室内外进行。20世纪八九十年代以前，中国的广大乒乓球运动爱好者就是在条件比较简单的户外水泥台上进行活动的。即便在这样简单的条件下，中国的乒乓球整体水平也不断得到提高，并涌现出一大批高水平的运动员。

（3）速度快。乒乓球球台面积小，球到对方球台的距离较短，球在空中飞行速度快，1秒内可以击球2~3次，正手攻球只需0.15秒就可到达对方台面，平均球速达到每秒20米。因此，比赛双方在不停地攻或防的状态当中来完成各个技术动作，这样也锻炼了身体的灵敏反应。

（4）运动量可调节。乒乓球运动，游戏性较强，运动量可大可小，速度可快可慢，男女老少都可以根据自己的情况来变换运动节奏，从而达到锻炼身体、愉悦身心的目的。可以说打乒乓球是进行终身体育锻炼的一个好项目。

乒乓球运动是一项很好的运动，经常参加乒乓球运动的人，能够增强上肢、下肢、腰部、腹部、胸部和背部肌肉群的力量，提高耐久力，也可有效地增强内脏器官的功能，促进身体的全面发展。

经常参加乒乓球锻炼，还可以培养人的机智、灵活、勇敢、果断、顽强等优良品质和集体精神。

乒乓球的运动量可大可小，设备比较简单，室内室外都可以进行，可为同学们的终身体育素质打下良好的基础。

2. 学习握拍,基本的准备姿势

a.握拍:直拍在拍的前面,以食指第二指节和拇指第一指节扣拍,在拍的后面,三个手指自然弯曲,中指第一节贴于拍的中部,无名指、小指贴在中指上,拍柄贴住虎口,略偏食指的一边。

b.基本准备姿势

示范讲解:两脚开立,约与肩同宽,两膝微屈,稍含胸收腹,上体略前倾,持拍手臂自然弯曲,肘略外张,球拍置于腹部右前侧,两眼注视来球。

练习:学生按要求做好准备姿势动作,教师逐一检查。

3. 移动步法

脚步移动是为了迅速落位到最佳的击球位置,它贯穿于打球的整个过程,即使在原地也要适当调整,以保持身体的最佳重心。步法移动的能力是乒乓球攻防水平的最基本体现。

(1)单步移动(图 3-2-1)

动作方法:以一只脚为轴,以最接近来球的一只脚向前、后、左、右跨步移动的步法。

移步的大小要根据来球的特点,以及击球者的反应能力、步法大小、回球需要等情况而定。

动作要点:为轴的一脚要以前脚掌支撑,并屈膝微蹲。移步时,支撑脚蹬地发力转动,另一只脚向目标跨步移动。移动后重心转至移动脚。

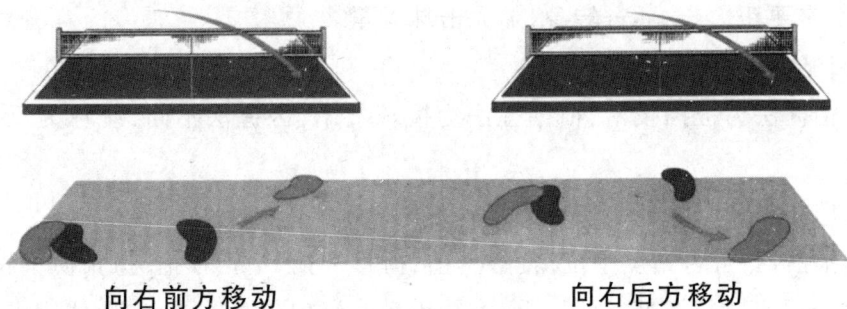

向右前方移动　　　　　　　　向右后方移动

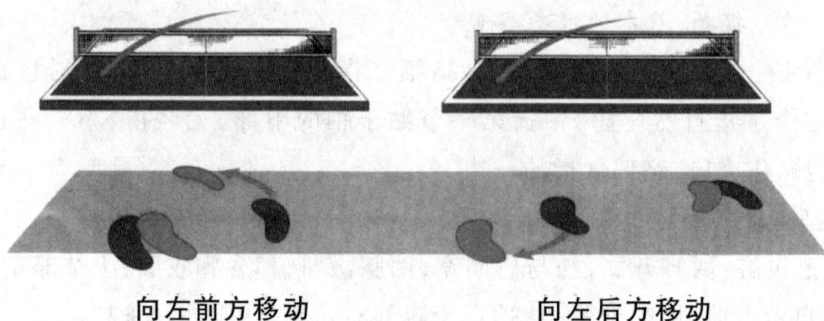

向左前方移动　　　　　　向左后方移动

图 3-2-1

（2）并步移动

远离来球方向的脚向来球方向并一小步，另一只脚在并步落地的同时向来球方向跨出一步。远离来球方向的脚始终不超过另一脚。

动作要点：对来球提前预判，做好预动。注意脚步的连续性，通过上身转动身体保持重心。

（3）交叉步移动

动作方法：靠近来球方向的脚先做一个垫步，并用力蹬地起动，身体转向来球方向，远离来球的脚越过近来球方向的脚跨一大步，两脚在身前形成交叉。远离来球的脚将落地时击球，同时上体顺势面向球台（而不要左肩对着球台），近来球方向的脚随之落在另一只脚的侧后方。

动作要点：

第一垫步不要过大；第二跨步时注意快速蹬地转身，灵活调整身体的重心；第三步要跟大步，通过转身，加大击球力量。

4.上台学习斜线推挡（快推）

直拍握法为推挡技术，横拍握法为拨球技术，因握法不同，统称为反手推挡。

动作方法：

直拍推挡：近台站反手位；食指夹拍、拇指推拍、中指顶拍，执拍横于腹前；来球时，球拍后引、肘部自然下垂、大臂带动小臂向前上方推出，击球后迅速还原。

横拍拨球：近台站反手位；执拍于腹前；来球时球拍后引，大臂向前，小臂自然向外旋,拍形固定,不宜随意翻转;击球后迅速还原(图 3-2-2)。

斜线推挡的动作要领:尽量做到正面对球,稳定控制拍形,来球落台后最高点或下降前期击球。身体靠近球台,左脚稍前,右脚稍后,肘关节靠近身体略前位置。当来球刚过球网,迅速移动脚步取好位置;同时右上臂向来球方向迎球,前臂略向外旋。当球从台面弹起时,前臂部随上臂迎前动作向前下方推送,手腕配合前臂往前发力,拇指放松,食指用力压拍,中指抵住拍底,使拍形前倾,在上升期触球的中上部。

① 准备时身体前倾,两膝微屈,两腿分开与肩同宽,反手持拍于腹前。 ② 看到来球后,右手向后引拍,肘部自然下垂。 ③ 当球已落入己方球桌并反弹至最高点时击球,大臂向前,小臂自然外旋,拍形固定不变。 ④ 球拍挥至右前上方,击球后迅速还原。

图 3-2-2　反手攻球(动作以右手持横拍为例)

练习:学生 3~4 人一张桌子,轮流练习斜线推挡技术,教师巡回检查,随时纠正错误动作。

5.握拍方法

(1)直拍握拍时,握拍手拇指与食指成环形"钳住"拍柄,虎口靠近拍柄,其余三指自然弯曲成半圆状,用中指的第一和第二指节顶住球拍的背面,并形成用力支点,握住球拍(图3-2-3)。

直拍握法的特点是容易上手,手腕灵活,发球变化多,但反手攻球力量较小,对步法和

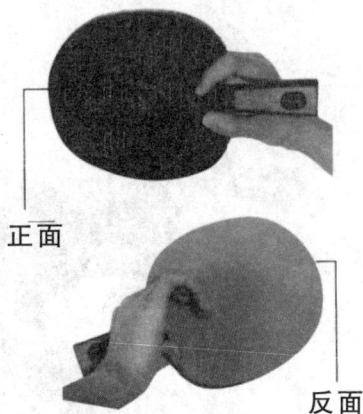

正面

反面

图 3-2-3　直拍握法

移动的要求较高。

（2）横拍握法

横拍握法时，握拍手虎口压住球拍的右肩，用拇指和食指压住球拍的两面，其余三指依次握住拍柄（图 3-2-4）。

横拍握法的特点是正反手攻球力量大，能灵活掌握球的旋转，攻防均衡，对攻时略强于直拍握法。横拍握法需要较大的力量和灵活的手臂动作转换。

图 3-2-4 横拍握法

6.游戏

（1）发球击准游戏

在对面球台上面定一个目标，用正手发平击球 10 次，击中目标区域次数多者获胜（图 3-2-5）。

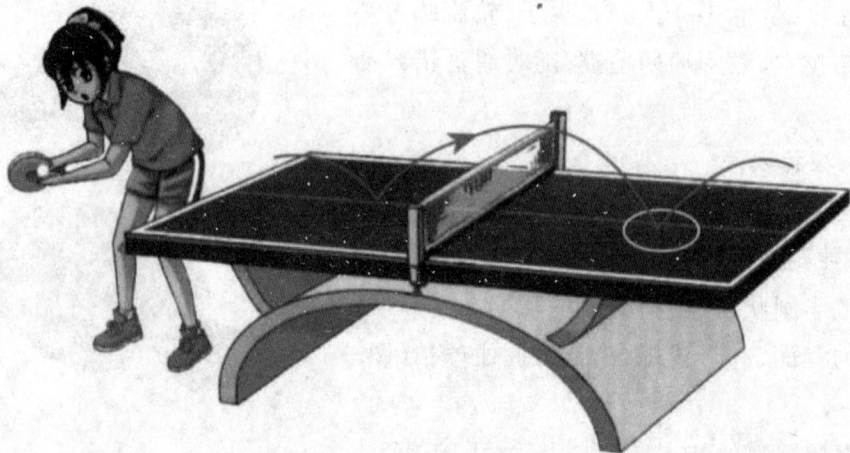

图 3-2-5

（2）推挡游戏

两人一组进行推挡练习，在 30 秒内能够连续推挡次数多者为胜（图 3-2-6）。

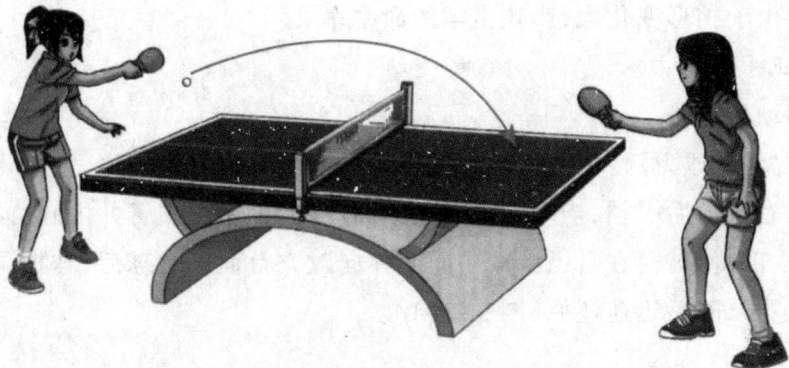

图 3-2-6

第三章 发球技术

第一节　正手发平击球

一、教学内容

（1）复习斜线推挡。

（2）正手发平击球。

（3）学习正手攻球的脚步连贯动作。

二、教学内容、组织教法

1. 复习斜线推挡

反手推挡时应注意：

（1）击球时，球拍应呈横立状，以便合理运用手腕力量。

（2）击球时，肘关节应靠近身体，否则会影响前臂向前发力和缩小左方的照顾范围。

（3）手臂的前倾和后引动作幅度不宜过大，以便影响推挡时手臂的摆速。

（4）击球时，手腕不宜过分放松，以免影响球拍的前推力量，造成击球无力，或者由于拍形变化大，影响击球的命中率。

2. 正手发平击球

（1）动作方法

以右手发球为例。身体前倾，两膝微屈，两腿开立与肩同宽。左手将球抛起的同时，右手向后引拍，当球下落到适当高度，以腰带动右臂并内旋、向前挥拍击球后中部，使球落在自己台面中间后弹向对方台面。击球后，球拍顺势挥至左肩前上方，随后迅速还原（图3-3-1）。

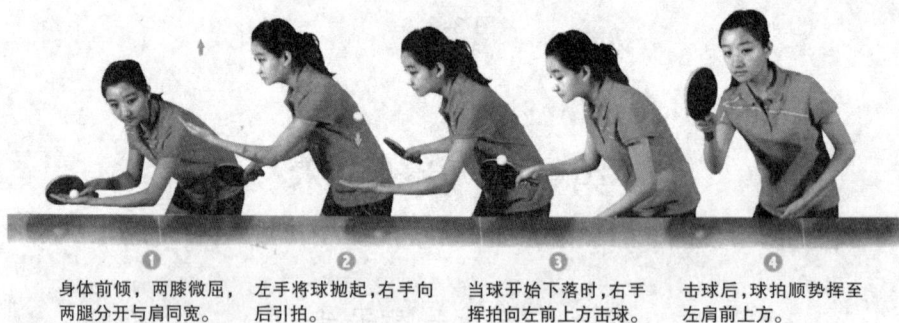

① 身体前倾，两膝微屈，两腿分开与肩同宽。　② 左手将球抛起，右手向后引拍。　③ 当球开始下落时，右手挥拍向左前上方击球。　④ 击球后，球拍顺势挥至左肩前上方。

图3-3-1　正手发平击球（动作以右手持横拍为例）

（2）动作要点

垂直抛球，要高于16厘米，符合规则。击球点应在球台上方。在球落在与网同高时，通过侧身转动，右手后引，小臂带动大臂向前挥拍，拍子竖直，击球的后中部，将球击出。

3.学习正手攻球的脚步连贯动作及身体动作

正手近台攻球：这种球出手快，动作幅度小，站位近。

练习：身体靠近球台，距球台端线约40厘米左右，左脚在前，右脚稍后，两膝微屈，前脚掌内侧用力蹬地，身体重心置于两脚之间。

身体动作:当手向前挥拍迎球时,身体要随着向前转动,重心随发力惯性由右脚转到左脚。

练习:学生站成二列横队,听口令练习近手攻球的脚步连贯动作及身体动作。

4.发展乒乓球能力练习

要想提高乒乓球比赛水平,除了要掌握好基本的技战术和要求外,还要提高对乒乓球的球性熟悉程度,以及个人的力量、反应、协调性、灵敏、移动速度及耐力等体能素质。

(1)熟悉球性练习。

①单人颠球练习。

每个学生单手持拍,向上垂直击球,待球下落后,再次向上回击。如此重复,进行颠球练习。提高对球的感觉和控制能力。

②双人对颠练习。

两个学生面对面站立,分别单手持拍,一人向另一人发球,另一人从空中回击。如此重复,进行双人对颠练习。提高手对拍形的控制能力,以及对回击球力量大小的控制。

③击球投准。

在距离起点线后3米的点上,前后50厘米的地上分别放置3个小桶,按距离远近分别规定为3、2、1分。每个学生站在起点线后,轮流把各自从地上反弹的球打进桶里,要把进球情况统计得分,看谁击球最准。提高学生回球的能力,以及控制球的准确性。

(2)提高基本体能练习。

①提高反应速度练习。

根据老师随机口令,快速起动做前后左右单步练习,提高反应速度和灵敏度。

②提高位移速度练习。

站于球台中间,听口令后,开始左右移动往返,连续用手摸球台端线的两角,30秒为一组。可以比赛谁在规定时间内往返的次数多。

第二节　正手攻球的手脚及完整动作

一、教学内容

（1）学习正手攻球的手脚动作及完整动作。

（2）学习正手发急球。

二、组织教法

1.正手攻球的手脚动作及完整动作（以右手持拍为例）

基本站位是左脚稍前，右脚稍后，重心落于两脚之间。身体离台约 50 厘米，手臂在腹前自然放松，前臂基本水平，当判断来球要落于身体右侧时，身体即向右转动，手臂向身体右后侧方引拍，引拍结束时，前臂也是基本水平的，此时前臂与上臂的夹角约为 120°，这个过程完成了重心从两脚之间到右脚的转换。在来球跳到上升后期时，手臂迅速向左前上方挥动，肘部不要夹得太紧，手臂要呈半圆形挥动，击球的中上部。击球是在上升后期或高点期完成的，击球瞬间前臂与上臂的夹角约为 90°，同时身体重心由右脚移至左脚。击完球后，迅速还原，准备下一板击球。

左手半握拳放于腹部偏左处。站位时两脚要内扣，正手攻球过程中两脚、腰髋都要旋转，腰部以上躯体的旋转角度要比腰部以下的旋转角度要大。

攻球练习中常出现的问题：

a.抬肘关节。

b.击球后，挥拍手没有随势再向上挥动。

c.击球时，球拍过于下垂，出现直式吊拍的错误。

教师逐一辅导，示范讲解，力求提高动作的质量。

2. 学习正手发急球

示范讲解：准备姿势，右脚在后，左手向上抛球后，球拍从身体右后方向前挥动，在球拍触球的一刹那，拍形前倾，前臂加快挥拍的速度，同时手腕向前快速转动，击球的中上部。击球点与网同高或比网稍低。击球后的第一落点应在本方球台的端线附近。

练习:学生二人一组,练习正手发急球。

3.游戏练习

(1)小蚂蚁搬家。

手平握球拍,将球置于拍面上,行进间将球运送到 10 米外的筐中。学生尝试体验。

(2)合作颠球。

两人一组,持拍将球连续依次传递,进行合作颠球比赛。比比哪组连续颠球的次数多,配合得好(图 3-3-2)。

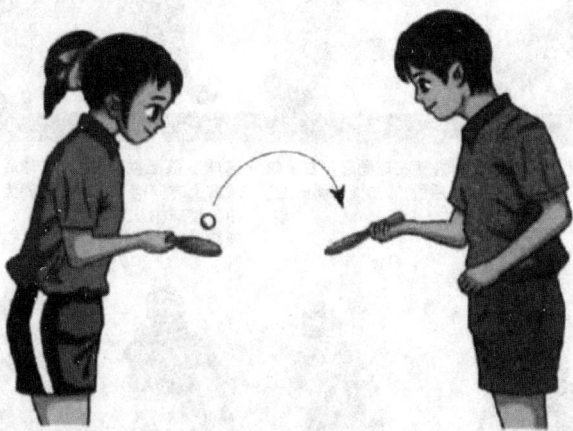

图 3-3-2

第三节 正手发下旋球和发左侧上旋球

教学内容

学习正手发下旋球和发上侧旋球。

1. 正手发下旋球和反手搓球

正手发下旋球是利用倾斜的拍面,由后向前下方将球击出的一种发球技术,在比赛中经常被采用。发球时,球拍先摩擦球的中下部,再往球底部摩擦。搓球是回击对方下旋球的主要技术,用球拍推切球的底部,可以抵消对方下旋球的旋转,并能使球体发生新的旋转和路线变化(图 3-3-3,图 3-3-4)。

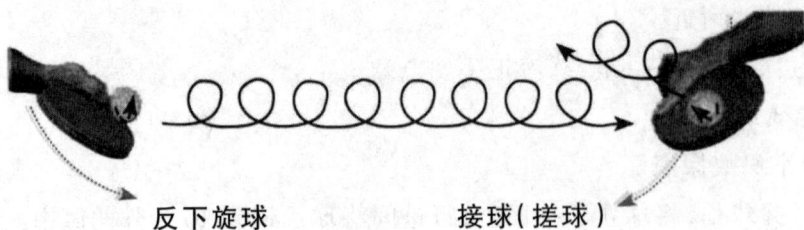

反下旋球　　　　　　接球（搓球）

图 3-3-3

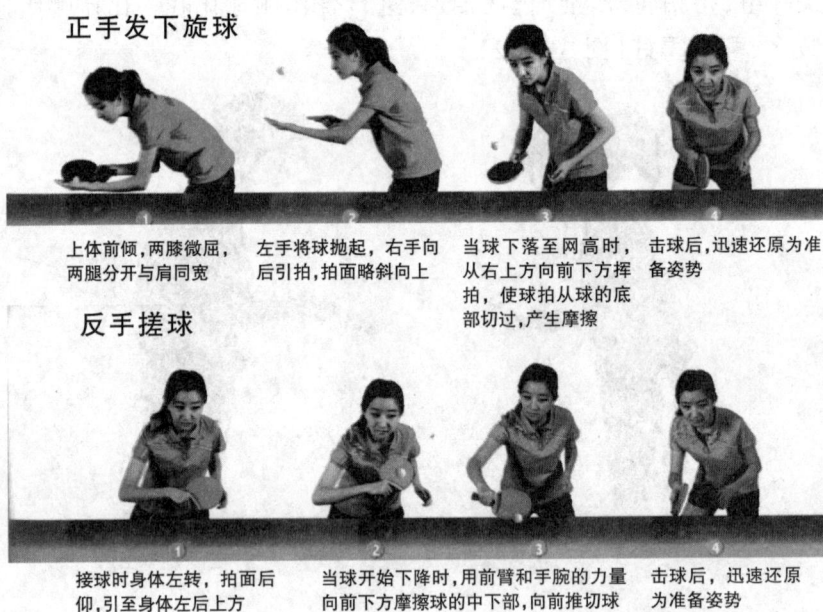

正手发下旋球

上体前倾,两膝微屈,两腿分开与肩同宽

左手将球抛起,右手向后引拍,拍面略斜向上

当球下落至网高时,从右上方向前下方挥拍,使球拍从球的底部切过,产生摩擦

击球后,迅速还原为准备姿势

反手搓球

接球时身体左转,拍面后仰,引至身体左后上方

当球开始下降时,用前臂和手腕的力量向前下方摩擦球的中下部,向前推切球

击球后,迅速还原为准备姿势

图 3-3-4

2. 学习正手发左侧上旋球

示范讲解:左脚在前,右脚在后。抛球时,持拍手向右上方引拍,手腕外转,手臂迅速向左下方挥动,当球回落与网同高时,前臂和手腕同时发力。食指压拍,使球拍从球的中部向左上方摩擦。

强调动作的正确性:前臂要有引拍动作,手腕在前臂带动下,由伸到屈,要发出最大的爆发力。

练习:同学二人一球,学习正手发左侧上旋球的练习。

3. 左推右攻完整动作练习

一方攻击两角时,另一方把反手推挡和正手攻球结合起来使用,就叫左推右攻。

左推右攻时,要注意身体重心的迅速交换,推挡后,身体重心放在左脚。当重心转入右方正手攻时,左脚蹬地,右脚迅速向右跨出一大步,同时手臂迅速向前挥拍击球。

击球时,拍形稍向前倾,在上升期击球的中部和中上部。击后,重心移至右脚,左脚跟着向右移动。

学习左推右攻动作,难度比较大,错误动作当然比较多,如配合不协调,脚步动作太慢,跟不上来球的速度,移重心太慢,脚步动作跟不上,手臂动作随之变形。

随着练习次数的增加,中长跑距离将增加,鼓励同学增强意志品质,坚持到底就是胜利。

练习:不上球台,练习脚步动作。

第四节 正手攻球及搓球技术

一、正手攻球动作

示范讲解:站位稍远,动作幅度比较大。右脚在后,身体离台1米左右。准备姿势与正手近台攻球相似。击球时以上臂发力为主。带动前臂,手腕向左前上方挥动,在来球最高点和下降期前段回击球的中部。

大臂垂直、小臂平横的L形姿势是正手攻球动作的基本特征,以腰带手,用腰发力,快收小臂是正手攻球的技术核心。

根据站位分为三类:近台攻球、中台攻球和远台攻球,从狭义上讲,正手攻球一般指的是近台快攻。

正手攻球的练习方法:

1. 拍摄练习视频

拍摄练习视频是练习正手攻球的一个非常好的辅助方法。练习者在练习正手攻球动作时完全有必要拍一些正手攻球动作的练习视频,反复观看并与教学视频作对比,可以从中及时发现问题加以改正,并能加深对正手攻球技术的领悟,加快掌握正手攻球动作的熟练程度与定型速度。

2. 重心转换练习

预备姿势:全身放松,左脚在前,脚尖内扣,右脚稍后,脚尖外撇,两脚分开,稍比肩宽,身体偏右斜,面对球台站立,双手大臂下垂,小臂上举,放在胸前,双膝微屈,上身前倾,含胸收腹,身体重量落在双脚的前脚掌上,脚后跟不要离地。

动作要领:左脚蹬地发力,双手随着身体向右转动,右肩稍下沉,左脚尖向右偏转,脚跟离地前实后虚,右脚尖随着身体右转的力量顺势右摆,重心落在右脚掌上,同时,借助左脚蹬地、转腰的惯性力量,右脚蹬地发力、转腰向左前转动,重心由右脚转移至左脚。如此反复练习,练完后迅速还原成预备姿势。

重心转换是乒乓球技术的核心,重心转换的好坏直接影响单项技术的正确掌握和熟练运用,对技术动作的标准程度以及稳定地发挥技术起着决定性的作用。

3. 徒手挥拍练习

乒乓球的徒手挥拍练习与武术的套路练习的作用非常相似,通过练习,可以使初学者和纠正错误动作者尽快地熟练掌握正确的技术动作。练习时最好对着镜子练,可以通过镜子清晰地看到自己的练习动作,从而及时纠正错误动作,确保动作的正确性与稳定性。徒手挥拍练习在练球的初始阶段是作为有球练习的一个动作,起过渡作用,在以后的阶段也可以多做练习。

4. 以腰带手挥拍击球练习

动作要领:左手像发球一样将球向上抛起,同时右手向右后转腰带手引拍,当球下落至与球拍同高时,迅速转腰带手向左前挥拍击球。

注意事项:在转腰带手向前挥拍击球时,小臂不能往前挥动,也不要向上收缩,只要能打到球就可以了。待练到一定的熟练程度后,再自然地向上快收小臂。

5. 多球和单球的喂球练习

多球和单球的喂球练习可以在教练的指导下进行,也可以在球友的帮助下进行。多球练习可以增加练习者在单位时间内的练习密度和强度,在练习者练习的初期和以后的强化提高阶段都是一个非常重要的练习手段。

单球练习简单易行,而且来球的质量更加接近于实战程度,可以使练习者进一步地熟悉和掌握正手攻球的技术动作,不断提高正手攻球的技术水平。

6. 对攻练习

当正手攻球动作练得比较熟练的时候,就可以有必要进行对攻练习。对攻练习对专业运动员而言是一个热身活动,但对于业余爱好者来说却是一个很好的练习方式,对提高练习者的身体协调性、动作合理性、落点准确性、击球控制力都有较大的促进作用。

在乒乓球练习中要做到松、动、快三点,即要放松、动中打、触球快。

练习时要死线活练,要有速度快慢的变化、力量大小的变化、落点远近的变化、弧线高低的变化和节奏快慢的变化,使练习更加接近于实战。不然的话,一种单一的球连续打上几千个、几万个,不断球,也没有多大的实战价值。

7. 比赛练习

当正手攻球动作练出基本框架之后,就可以和与自己水平相当的球友进行一下练习性的比赛。在比赛中不要一看到球就想一板将别人拍死,这样的话很容易把动作打变形,从而造成无谓的失误。应该在比赛中眼睛盯着球,心里面想着大臂垂直、小臂平横和以腰带手,用腰发力,快收小臂的正手攻球的动作姿势与要领,也就是说正手攻球的动作平常是怎么练的,比赛的时候就怎么打。

通过赛练结合,进一步地强化和熟练正手攻球技术,加深对正手攻球技术的理解,提高正手攻球技术在实战中的运用能力。

二、正手发左侧下旋球

正手发左侧下旋球示范讲解:两脚开立,右脚在后。抛球时,持拍手向右上方引拍,手腕外转,手臂迅速向左下方挥动。当球回到与网同高时,前臂和手腕同时发力,使球拍从球的中部向左下方摩擦。在球拍击球的刹那,拍形稍后仰,拍从球的中部向左下方摩擦。

强调动作的正确性,当球拍触及球的右侧中部稍下时,手腕在前臂带动下,发出最大的爆发力,并使球拍沿球体向左侧下方摩擦球。

发力时,上体应向左后转动,重心突然下降移至左脚。

练习:学生二人一球,练习正手发左侧下旋球。

1. 搓球技术

特点：搓球动作是一种过渡技术，旋转和落点变化较多，可用来接发球，通过搓球的过渡，可以寻找进攻机会。

2. 动作要领

反手快搓：两脚开立，右脚稍前，身体靠近球台。击球时，拍形稍后仰，前臂配合手腕动作向前下方送出，在上升期击球中下部。

搓球有正手快搓、慢搓，反手快搓、慢搓。

3. 接上、下旋球

动作要领：来球是上旋，回击时拍形稍前倾，往前下方回击来球的中上部，来球是下旋，回击时拍形稍仰，往前上方回击来球的中下部。

练习：掌握动作要领，练习接上下旋球。

第五节　发球的基本知识

一、手运动的方式

高质量的发球是运动员在比赛中争取主动的有力保证，而高质量的发球必须具备时间短促、手法隐蔽的特点，最好是用极为相似的动作通过拍触球时手腕、手指的灵活运动，改变球拍触球的部位和球拍角度，从而发出旋转强烈且差异很大、出手突然、落点准确的球。因此，手腕和手指是发球的关键。手腕的动作有：手屈、手伸、手内收、手外展。此外，发球时还常常需要手臂外旋、手臂内旋（图3-3-5）。

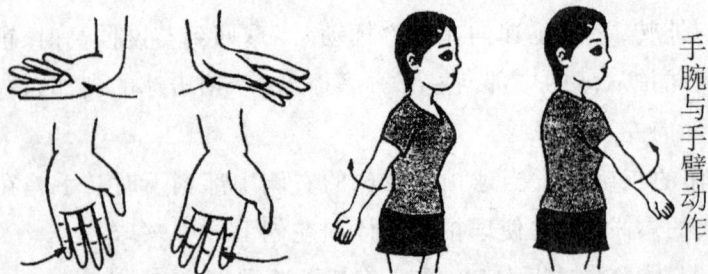

手腕与手臂动作

图 3-3-5

二、发球落点

高质量的发球除了旋转的变化及一套发球旋转间的差异大之外，落点的变化多也是其关键所在。落点横向空间的变化，即斜、直线的变化，主要依靠拍触球时的拍形角度和发力方向。纵向空间的变化，即长、短球的变化，主要依靠运动员对第一落点的控制和发球时拍触球击球点的高低。发长球，第一落点应靠近自己球台的端线，且发球时拍触的击球点应接近台面，如下图实线所示；发短球，第一落点应靠近自己球台的球网，且发球时拍触球的击球点稍高（图3-3-6）。

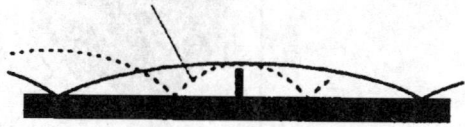

图3-3-6　发球落点

三、拍触球位置、球拍运动方向与发球旋转的关系

高质量的发球必须有强烈的旋转做保证，但一套发球两种旋转的动作相似则是迷惑对方、造成对方失误的主要原因。例如：如果球拍的运动方向向下（图3-3-7），用球拍的下部接触球，由于在球拍运动时球拍可以充分地摩擦球；相反，如果用球拍的上部摩擦球，由于球在球拍运动时与球拍的运动方向相反，因此无法摩擦球，即使运动员发球时发力方向与发力方法相同，也无法使球产生下旋。

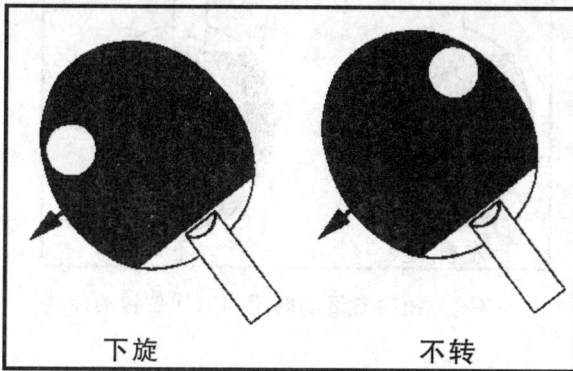

下旋　　　　不转

图3-3-7　拍向下运动时不同触球位置的旋转

球拍的运动方向向上（图3-3-8），用球拍的上部接触球，由于在球拍运动时，球拍可以充分地摩擦球，使球在球拍上滚动，从而使击出的球带有强烈

地上旋；相反，用球拍的下部摩擦球，由于球在球拍运动时与球拍的运动方向相反，因此无法摩擦球，即使运动员发球时发力方向与发力方法相同，也无法使球产生上旋。

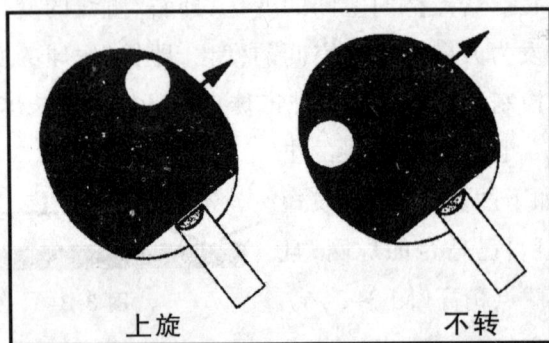

图 3-3-8   拍向上运动时不同触球位置的旋转

如果球拍的运动方向向左（图 3-3-9），用球拍的左部接触球，由于在球拍运动时，球拍可以充分地摩擦球，使球在球拍上滚动，从而使击出的球带有强烈的左侧旋；相反，如果用球拍的右部摩擦球，即使运动员发球时发力方向与发力方法相同，也无法使球产生左侧旋。

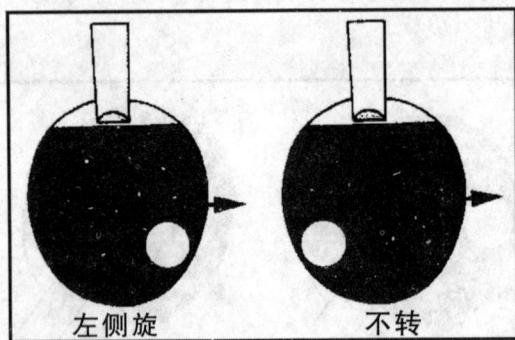

图 3-3-9   拍向右运动时不同触球位置的旋转

如果球拍运动方向向右（图 3-3-10），用球拍的右部接触球，由于在球拍运动时，球拍可以充分地摩擦，使球在球拍上滚动，从而使击出的球带有强烈地右侧旋；相反，如果用球拍的左部摩擦球，由于球在球拍运动时与球拍的运动方向相反，因此无法摩擦球，即使运动员发球时发力方向与发力方法相同,也无法使球产生右旋转。

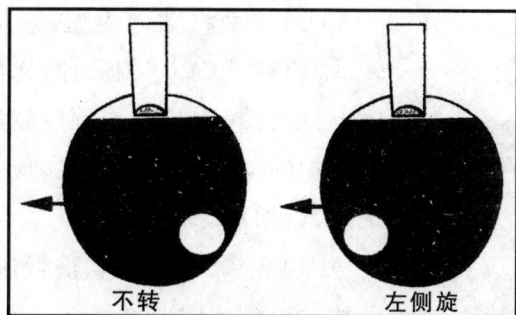

图 3-3-10　拍向左运动时不同触球位置的旋转

练习:

（1）练习发球,体会侧旋与不转球。

（2）练习斜线攻球,体会右上臂与前臂之间的角度约为 110°,击球前自然放松,上臂与身体约成 45°夹角。体会球拍触球时前臂迅速向左前上方的屈臂发力。拍形前倾,在球的上升期后段或高点期摩擦球的中上部。

第六节　正手发转与不转球

作用:目前在国内外乒坛上,这套发球的使用率较高,许多高水平的运动员都可以运用极相似的手法发出正手加转球和正手不转球, 从而达到迷惑对方,为自己进攻创造机会的目的,甚至可以造成对方判断失误而直接得分。

特点:球速较慢,旋转变化大。

一、正手加转发球

作用:这是发球的基础,运动员在比赛中要想用这套发球技术迷惑对手,就必须首先发好加转球,因为在这套发球技术中,加转球的旋转强烈,才能造成与不转球的强烈反差,而这种差异越大,这套发球的技术效果越好。

特点:球速慢,下旋强烈。

运用要领（图 3-3-11）:

图 3-3-11   正手加转发球

（1）左脚稍前，身体略向右倾，左手掌托球置于身体右前方。

（2）左手将球向上抛起，同时上体向右后方转动，前臂外旋，球拍后仰，以肘为轴，前臂屈，向后上方引拍，引拍动作幅度较大，手腕外展，以增大引拍的动作幅度。总之，应尽量增大加速度的距离，以增加球的旋转。

（3）转腰，大臂带动前臂快速向前下方挥动，以加大拍触球的速度。

（4）当球从高点下降至基本与网高相同时，前臂加速向前下方发力，同时手腕内收，使球拍做弧线运动，用球拍拍头的左侧接触球，用力摩擦球的中下部直到球的底部。发短球时第一落点应靠近球网，发长球第一落点应靠近端线。

（5）球离拍后，应顺势挥拍。

（6）调整重心，并迅速还原。

发好加转球的秘诀：

（1）转腰、引拍的幅度要大、要充分，以增大加速度的距离。

（2）拍触球的点不能太高，以免影响摩擦球的力度、球出手和运行的速度、球的弧线等等。

（3）用球拍拍头的左侧接触球，并加大球在球拍上摩擦的时间，以增加球的下旋强度。

（4）在使球有一定的前进力的前提下，尽量使作用力线远离球心，以增大球的旋转。

（5）手腕、手指的力量决不能少。

（6）身体的协调配合是发出高质量球的关键，在完成整个动作的过程中，各个关节力的传递要协调一致，以免因为产生分力而影响发出球的质量。

二、正手不转发球

作用：运动员在比赛中要想用这套发球技术迷惑对手，就必须有与正手加转球动作和球速都极为相似的不转球，只有这样才能达到迷惑对方，造成对方失误或为自己的进攻创造条件的目的。不转发球与加转发球越相似,这套发球的效果越好。

特点:球速慢,没有旋转。

动作要领(图3-3-12):

(1)左脚稍前,身材略向右倾,左手掌托球,置于身体右前方。

(2)左手将球向上抛起,同时,上体向右后方转动,前臂外旋,球拍后仰,以肘为轴,前臂屈,向后上方转动,引拍动作幅度较大,手腕外展,以增大引拍的动作幅度。总之,应尽量增大加速度的距离,以增加球的旋转。

图 3-3-12 正手不转发球

(3)转腰,大臂带动前臂快速向前下方挥动,以加大拍触球时的速度。

(4)当球从高点下降至基本与网高相同时,前臂加速向前下方发力,同时手腕内收,使球拍做弧线运动,用球拍拍头的右侧接触球,推弹球的中部,且不摩擦球。发短球时第一落点应靠近球网,发长球时第一落点应靠近端线。

(5)球离拍后,应顺势挥拍。

(6)调整重心,并迅速还原。

发好不转球的秘诀:

(1)手法应尽量与发加转球的动作相似。在整个挥拍运动中无论哪一步,只要在手法上有不一致的地方,就会成为对方分辨你这套发球的依据。因此,你一定要在手法上下功夫,使发加转球与不转球的手法基本一致。

(2)发加转球与发不转球的球速相似。一般情况下发加转球时由于旋转的作用,球相对于没有旋转发飘的不转球来讲球速较快,因此,在实战中应有意识的加快发不转球的出手速度,使其在球速上与加转球基本一致,才能增加对方判断这套发球的难度,从而达到迷惑对方的目的。

(3)发不转球的关键是,在拍触球时用球拍的右侧接触球,由于球拍运动的方向向前下方,球应向上滚动,而用球拍的此部位接触球就会缩短球在球拍上的运行时间,最好是用球拍的最右侧接触球,在球一接触球拍就离手,从而达到不摩擦球的目的。同时应主动推、弹球的中部,以使球获得前进的力量,并适当加快球的出手速度。

第七节 正手发左侧上、下旋球

作用：目前在国内外乒坛上，这套发球的使用率高，许多高水平运动员都可以运用极相似的手法发出正手左侧上、下旋。发球时只要用球拍摩擦球的侧部，就能发出侧旋球，如果侧旋球与上旋球结合就是侧上旋，与下旋球结合就是侧下旋。由于侧旋球在落台或接触球拍时作用力与反作用力的影响，使其与不带侧旋的球反弹角度不同，因此会给对方运动员回球造成困难。此外，如果侧上旋与侧下旋的动作相似，且穿插使用就会迷惑对方，使对方回球出现下网、出界、回出机会球等情况，从而直接得分或为自己的进攻创造机会。但发球的侧旋是相对而言，正手发左侧旋是指右手执拍的运动员正手发出的普遍意义的侧旋球，其从右向左摩擦球，球拍触球点首先向左旋转，故称其为左侧旋转球；而左手执拍的运动员则刚好相反，由于其发球时从左向右摩擦，球拍触球点首先向右旋转，应为右旋转球。

特点：以旋转变化为主，飞行弧线向右偏拐，对方回球时向其左侧下（上）偏拐。

一、正手发左侧下旋球（图3-3-13）

动作要领：

（1）左脚稍前，身体略向右偏斜，左手托球置于身体右前方。

（2）左手将球向上抛起，同时上体向右后方转动，前臂外旋，球拍后仰，以肘为轴，前臂屈，向后上方引拍，引拍动作幅度较大，手腕外展，以增大引拍的动作幅度。总之，应尽量增大加速度的距离，以增加球的旋转。

（3）转腰，大臂带动前臂快速向前下方挥动，以加大拍触球时的速度。

（4）当球从高点下降至基本与网高相同时，前臂加速向左前下方发力，同时手腕内收，前臂旋外，使球拍作弧线运动，用球拍拍头的左侧接触球，用力摩擦球的右侧中下部，直到球的左侧底

图3-3-13   正手发左侧下旋球

部,发短球时第一落点应靠近球网,发长球时第一落点应靠近端线。

(5)球离拍后,应继续挥拍做发左侧上旋球的动作以迷惑对方。

(6)调整重心,并迅速还原。

二、正手发左侧上旋球(图 3-3-14)

动作要领:

(1)左脚稍前,身体略向右偏斜,左手掌托球置于身体右前方。

(2)左手将球向上抛起,同时,上体向右后方转动,前臂外旋,球拍后仰,以肘为轴,前臂屈,向后上方引拍,引拍动作幅度较大,手腕外展,以增大引拍的动作幅度。总之,应尽量增大加速度的距离,以增加球的旋转。

(3)转腰,大臂带动前臂快速向前下方挥动,以加大拍触球时的速度。

图 3-3-14　正手发左侧上旋球

(4)当球从高点下降至基本与网高相同时,前臂加速向左前下方发力,同时手腕内收,前臂旋外,使球拍作弧线运动。

(5)球离拍后,应继续挥拍做发正手逆旋转的动作以迷惑对方。

(6)调整重心,并迅速还原。

发好正手左侧上、下旋球的秘诀:

(1)转腰、引拍的幅度要大,要充分,以增大加速度的距离。

(2)拍触球的点不能太高,以免影响摩擦球的力度、球出手的运行速度、弧线等等。

(3)用球拍的正确部位接触球,并随着球拍的运动让球尽量在球拍上滚动,以增加球的旋转强度,尽量拉大侧上旋与侧下旋的旋转差异。

(4)在使球有一定的前进力的前提下,尽量使作用力线远离球心,以增大球的旋转。

(5)发球时,由于握拍的方法不同,横拍选手与直拍选手相比在发球上受人体结构的限制,没有优势,不仅手腕、手指的活动范围较小,而且灵活性较差,不便于发力。因此,横拍选手在发球时,一定要变换握拍的方法(图 3-3-15),以便于加大手腕、手指的移动范围,用爆发力突然将球发出,并且让手

腕、手指富有弹性，以便增加其对球的撞击力，并将此力与摩擦力融为一体，提高发球的质量。

图 3-3-15 握拍方法

（6）身体的协调配合是发出高质量球的关键，在完成整个动作的过程中各个关节力的传递要协调一致，以免因为产生分力而影响发出球的质量。此外，拍触球时身体重心应随着手臂用力的方向移动，以便用重心帮助手臂找准自己发球的第一落点，这是保证发球质量的关键。

（7）对于专业运动员来讲，侧上、下旋中的侧旋并不能构成对方接发球的障碍，造成对方判断失误的主要原因是上、下旋（以业余选手来讲，侧旋本身也是造成其失误的原因）。因此，侧上旋和侧下旋的发球动作要极为相似，在本套发球的动作中有一半的动作是假动作，用以迷惑对方，在做假动作时，一定要力求逼真，迫使对方判断失误。

第八节　正手发高抛左侧上、下旋球

目前在国内外乒坛上，这套发球的使用率较高，许多高水平的运动员都可以运用极相似的手法发出正手高抛左侧上、下旋球，它除了具备正手发出侧上、下旋的优点之外，其他优点主要如下：

（1）高抛发球时抛球的高度较高。根据物理原理球下降到拍触球时，由于重力加速度的原因，抛球越高球获得的初速度就越大，这个力量如果能与球拍从右向左摩擦力的力量巧妙地结合，就能加大发出球的旋转和速度。

（2）发球运动员向上抛球时，由于抛球较高，在抛球与拍触球之间有一个时间间隔，它可以干扰接发球员的注意力，影响接发球员对拍触球瞬间的有效判断，给其回球造成困难。此外，如果高抛侧上旋与高抛侧下旋的动作相似，且穿插使用就能迷惑对方,使对方回球出现下网、出界、回出机会球等情况,从而直接得分或为自己进攻创造机会。

(3)目前国际比赛中对发球的判罚较严,高抛发球后如果运动员能及时将非执拍手从身体前移开,比较容易过关。在做到上述要求的情况下,利用肩膀前压的动作挡住对方视线,从而达到遮挡对方运动员视线,造成对方运动员判断失误的目的。

缺点是:如果抛球技术不过关,常常因为球下落后位置不好而影响发球质量或造成发球犯规。

正手高抛发左侧下、上旋球(图3-3-16):

(1)左脚稍前,身体略向右偏斜,左手掌托球置于身体右前方。

(2)抛球是发好高抛球的关键。执拍手的肘部应先靠近身体左侧,稍收腹,手腕、前臂平稳地将球向上抛起,同时腿和腰顺势向上微微挺直,重心放在左脚上,主要发力部位是前臂。在抛起前不要将手放到台面以下、抛球时不要有手内勾、侧翻的动作,以免犯规。球抛起后最好是让其顺着身体下落,以便身体能够充分发力。

(3)击球点最好与球网高度基本一致的身体中右处,离身体约5厘米。

(4)其他动作要领与正手发左侧上、下旋一致。

(5)由于动作较大,发完球后要注意调整重心,并迅速还原。

图3-3-16　正手高抛发左侧上、下旋球

发好高抛左侧上、下旋球的秘诀:

(1)抛球是发好本套球的关键。最好的抛球应该是高且直,能在下落时顺着发球者的身体中线且靠近身体落下。因此,抛球时手臂的用力和身体的协调

配合是练习的关键。

（2）球下落时获得的重力加速度的优势与球拍从右向左摩擦力的力量若合二为一,才能真正达到抛球的目的,否则高抛发左侧上、下旋球的威力还不如平常的左侧上、下旋球。因此,除了转腰引拍的幅度大、拍触球的点不能太高、用球拍的正确部位接触球、尽量使作用力线远离球心、尽量加大手腕、手指的移动范围、拍触球时身体重心应随着手臂用力的方向移动等与正手发在侧上下旋球相同的关键技术之外,还必须加强身体的协调配合,特别是抛球与发力时机的掌握,以便能更好地将二力合二为一,增加发球的旋转和速度。

第九节 正手发急长球

作用:发急长球的目的与实战中的变化和牵制有关。实战中,不管运动员发短球的质量高低,如果没有长球的配合,对手也会很快地适应,并在接发球时尽量靠近球台,以方便尽快到位回接高质量的球,但如果在这个时候,运动员能够发出长、急,且富有变化的球,就可以达到扰乱牵制对方、破坏对方判断、打乱对方站位的目的。如果自己的实力较强,善打对攻,为了避免与对手过多地在近台纠缠,发挥自己的特长,也可以加大急长球的使用率。对于初学者或没有经过正规训练的选手,由于他们的步法一般不够灵活,两面照顾的范围较小,使用本套发球的效果更好。此外,在对手特别紧张时,用急长球偷袭往往能收到较好的效果。

特点:出手速度快,旋转强,落点变化多。

一、正手发上旋急球(图 3-3-17)

（1）左脚稍前,身体略向右倾,左手掌托球置于身体右前方。

（2）仔细观察对方站位,琢磨准对方意图后,决定自己发球的路线,以达到偷袭的目的。

（3）左手将球向上抛起,同时上体向右后方转动,前臂屈,向后上方引拍,引拍动作幅度较大,手腕松,球拍垂直,身体重心放在右脚。

（4）转腰,大臂带动前臂快速向前方挥动,以加大拍触球时的速度。

图 3-3-17　正手发上旋急球

（5）当球从高点下降至基本与网高相同时，用球拍的前端部位接触球，前臂加速向前方发力，在拍触球瞬间加强手腕敲击、弹击的力量，重心从右脚转移到左脚，以增大发球的突然性。第一落点应靠近端线。

（6）球离拍后，应顺势挥拍。

（7）调整重心，并迅速还原。

二、正手发下旋急球

特点：球速快、落点长、冲力大、突然性强、球的飞行弧线低，同时球还带有一定的下旋。正手发急下旋球比发急上旋球难以掌握，这是因为它既需要速度，又需要下旋，这是一对矛盾，必须将两者有机地结合，才能发出高质量的急下旋球。

动作要领（图 3-3-18）：

（1）左脚稍前，身体略向右倾，左手掌托球置于身体右前方。

（2）仔细观察对方站位，琢磨准对方意图后，决定自己发球的路线，以达到偷袭的目的。

（3）左手将球向上抛起，同时，上体向右后方转动，前臂屈，向后方引拍，此拍动作幅度较大，手腕放松，球拍自然放置，身体重心放在右脚。

图 3-3-18　正手发下旋急球

（4）转腰，大臂带动前臂快速向前方挥动，以加大拍触球时的速度。

（5）当球从高点下降到基本与网高相同时，用球拍的前端部位接触球，球拍稍后仰，前臂加速向前下方发力，摩擦球的中下部并向底部摩擦，同时在拍触球的瞬间加强手臂、手腕弹切力量，以增大发球的突然性。重心从右脚转移至左脚。此外，此时还要将身体重心随着手臂的挥动向前下方用力下压，以帮着手臂控制弧线、增强力量。第一落点应靠近端线。

（6）球离拍后，应顺势挥拍。

（7）调整重心，并迅速还原。

三、正手发右上旋急球

特点：球速快、落点长、冲力大、突然性强、球的飞行弧线低，且向左偏斜，带有明显的右侧上旋。

动作要领(图 3-3-19):

（1）左脚稍前，身体略向右倾，左手托球置于身体右前方。

（2）仔细观察对方站位，琢磨准对方意图后，决定自己发球的路线，以达到偷袭的目的。

（3）左手将球向上抛起，同时上体向右后方转动，前臂屈，向后上方引拍，引拍动作幅度较大，手腕放松，球拍垂直，身体重心放在右脚。

（4）转腰，大臂带动前臂快速向前方挥动，以加大拍触球的速度。

图 3-3-19　正手发右上旋急球

（5）当球从高点下降到基本与网高相同时，用球拍的前端部位接触球，前臂加速向前下方发力，在拍触球的瞬间手腕从后向前使劲抖动，球拍沿球的右侧中部向中上部摩擦，重心从右脚转移至左脚，同时增加手腕的弹击力量。第一落点应靠近端线。

（6）球离拍后，应顺势挥拍。

（7）调整重心，并迅速还原。

发好正手急长球的秘诀：

（1）发好急长球与发上述的其他球一样，应做到：转腰、引拍的幅度要大、要充分，在完成整个动作的过程中，各个关节力的传递要协调一致。

（2）本发球的特点是突然性，因此能有效地将球发至对方想不到的地方，或与对方的预判相反的落点，是本套发球成功与否的关键。在赛前和比赛的过程中，应尽快地熟悉对方的思维模式，并根据对方接发球时的蛛丝马迹，大胆预测对方可能采取的接发球方式，主动变化，以打乱对方的阵脚，以智取胜。

（3）发球的球速快也能提高本套发球的突然性，用球拍拍头的前端接触球，有利于加快球的出手速度；而触球点低(尽量使其接近台面)，保证球的反弹轨迹更多地向前而不是向上，是加快球运行速度的保证。这一点虽然很难，尤其是发急下旋球，但效果极佳。

（4）在球拍触球的瞬间，再通过球拍的角度和发力方向，改变球的线路，发出斜、直线的变化，以增加球的隐蔽性。同样，如果本套发球中发各种旋转的运用在外形上都极为相似,又可以提升本套发球的质量。此外,如果本套发球能与正手发左侧上、下旋的准备、引拍、迎球等动作相似,并能根据情况灵活运用,那你在比赛中发球将占到较大的先机。

(5)拍触球时手腕、手指的动作及力量的大小是提高本套发球质量的基础,也应该是本套 3 种发球间动作的唯一区别。

①发急下旋球:在拍触球的瞬间加强手腕的敲击、弹击和下切的力量,以增大发球的突然性,并使球获得下旋。

②发急上旋球:在拍触球的瞬间加强手腕的敲击、弹击和下切的力量,以增大发球的突然性。

③发右上旋急球:在拍触球的瞬间手腕从后向前使劲抖动,球拍沿球的右侧中部向中上部摩擦,同时增加手腕的弹击力量,将球的旋转力量与向前的冲击力巧妙地结合。

(6)为了保证急下旋球的速度和旋转的统一,且使球的反弹弧线较低,在拍触球时不仅靠手臂、手腕的弹切力量击球,还要将身体重心也随着手臂的挥动向前下方下压用力。

第十节　正手逆旋转发球

作用:逆旋转发球是乒乓球较高级的技术,目前能够掌握并灵活运用的运动员不多。它是由波兰选手克热绍夫斯基在国际比赛中首先应用,随后风行于欧亚各国。从球的性质来讲,它与反手发右侧上、下旋球相同,但它在实战中的作用远远大于反手发右侧上、下旋,这主要是正手发逆旋转球打破了人们一贯的思维定势,正手发球是左侧旋,反手发球是右侧旋,由于正手发出的球与反手发出的球旋转相同, 这同时也打破了侧旋转一般对专业运动员不起作用的常态,再加上这种发球本身隐蔽性非常强,更适合于反手强和习惯两面上手抢攻的运动员使用。同时,这种发球在发球时的站位和动作都与正手发左侧上、下旋相同,因此具备了发球后走动取位方便,不乱阵脚,也被正手抢攻为主的运动员所接受。由于正手右侧上、下旋的变化,大大地丰富了正手发球旋转变化种类,从而能更好地迷惑对方。

特点:旋转强,球性软,差异大,运行飘,对方判断难。

图 3-3-20   正手逆旋转侧下旋球

一、正手逆旋转侧下旋

动作要领(图 3-3-20):

(1)左脚稍前,身体略向右倾,左手托球置于身体右前方。

(2)左手将球向上抛起,同时上体向右后方转动,前臂外旋,球拍后仰,以肘为轴,前臂屈,向后上方引拍,引拍动作幅度较大,高抬手臂,尽量与发正手左侧上、下旋的引拍动作相同,以增大对对方的干扰。

(3)为了迷惑对方,应完成正手发左侧上下旋的动作。

(4)转腰,大臂带动前臂快速向前下方挥动,以加大拍触球时的速度。

(5)当球从高点下降到基本与网高相同时,手腕内收、屈,球拍竖起,快速迎球,拍触球时前臂伸、旋内,手腕伸、外展,使球拍从左下方向右上方挥动,做弧线运动,用球拍的远端用力摩擦球的左侧中部直到球的右侧中上部,发短球时第一落点应靠近球网,发长球时第一落点应靠近端线。

(6)球离拍后,应顺势挥拍。

(7)调整重心,并迅速还原。

二、逆侧旋短球(图 3-3-21)

图 3-3-21   逆侧旋短球

动作要领:

(1)左脚稍前,身体略向右偏,左手掌托球置于身体右前方。

(2)左手将球向上抛起,同时上体向右后方转动,前臂外旋,球拍后仰,以肘为轴,前臂屈,向后上方引拍,引拍动作幅度较大,高抬手臂,尽量与发正手左侧上、下旋的引拍动作相同,以增大对对方的干扰。

(3)为了迷惑对方,应完成正手发左侧上、下旋的动作。

（4）转腰，大臂带动前臂快速向前下方挥动，以加大拍触球时的速度。

（5）发球时既要旋转强，又要不出台，这本身就是一对矛盾。发球时必须先发力摩擦，以保证球的旋转，然后再减少向前送的力量，甚至应该卸力，以保证回球的线路短、弧线低、球性软。

（6）球离拍后，应顺势挥拍。

（7）调整重心，并迅速还原。

发好逆旋转球的秘诀：

（1）发好正手左侧上、下旋动作的秘诀同样也适合发正手逆旋转球。

（2）由于逆旋转球是一种对惯性思维的挑战和突破，因此在发球拍触球前，应是动作尽量与发正手左侧上、下旋球的动作相似，增大发球的隐蔽性，使发出的球对对方更具有迷惑性，以便形成对自己有利的局面，甚至直接得分。

（3）在球拍触球的瞬间，手腕快速外展、伸，重心、手臂、手腕、手指要高度和谐，即发力时间和发力方向高度一致，以便在保证此套发球隐蔽的前提下，提高发球的质量。

（4）拍触球时通过球拍的角度和发力方向，改变球的旋转和落点。

①发逆侧下旋：用球拍拍头的右侧接触球，用力摩擦球的左侧中下部，直到球的右侧底部。

②发逆侧上旋球：用球拍的远端用力摩擦球的左侧中部，直到球的右侧中上部。

③发逆侧旋短球：注意在发力摩擦之后要有一个卸力的过程。

（5）根据自己的打法还原。如果是正反手两面进攻的运动员，应回到正反可以兼顾位置；如果是以侧身正手进攻为主的运动员，应还原到便于侧身的位置，以便于与发球抢攻巧妙地结合。

第十一节　反手发转与不转球

作用：利用旋转干扰对方，属于基本发球，但目前能够发出动作相似，而旋转差异较大的运动员并不多见。近年来无遮挡发球规则的实施，使反手发球的使用率提高，因为反手发球更易符合规则。发这套球时，运动员应该运用极相似的手法发出加转球和不转球，从而达到迷惑对方，为自己创造机会的目的，甚至可以造成对方判断失误而直接得分。横拍两面攻运动员,特别是正反手实力相当,均可上手抢攻的运动员,采用反手发球与进攻技术衔接相对正手优于反手的运动员好,如果反手优于正手,那么反手发球应是首选。

特点:球速慢,旋转变化大。

一、反手加转发球

作用:运动员在比赛中要想用这套发球迷惑对手,就必须首先发好加转球。因为在这套发球中,加转球的旋转强烈,才能造成与不转球的强烈反差,而这种差异越大,这套发球的效果就越好。

特点:球速慢,下旋强烈。

动作要领(图3-3-22):

(1)左脚稍前,身体略向左倾,左手掌托球置于身体左前方。

(2)左手将球向上抛起,同时,上体向左后方转动,前臂内旋,球拍后仰,以肘为轴,前臂屈,向后上方引拍。

(3)转腰,大臂带动前臂快速向前向下挥动,以加大拍触球时的速度。

(4)当球从高点下降到基本与网高相同时,前臂加速向前下方发力,同时手腕内收,使球拍做弧线运动,

图 3-3-22 反手加转发球 用球拍拍头的右侧接触球,用力摩擦球的中下部直到球的底部,重心从左脚移动到右脚。同时在拍触球的瞬间加强手臂、手腕弹切力量,以增大发球的突然性。重心从右脚转移至左脚。发短球时第一落点应靠近球网,发长球第一落点应靠近端线。

(5)球离拍后,应顺势挥拍。

(6)调整重心,并迅速还原。

发好加转球的秘诀:

(1)正手发好加转球的秘诀同样也适用于反手发加转球。

(2)如何巧妙地使用手腕、手指的力量是发好反手加转球的关键。你应该从引拍、发力到制动的各个环节,都巧妙地将手指、手腕的力量作用在球上,以形成拍触球的"点"擦,使拍触球显得短促、集中,虽然这样的发球动作不是很

大,但发力集中而巧妙,有效地增大了发球的威力。

(3)发短球时,不能一味地只追求旋转,还必须在拍触球时,在向下用力的同时,适当给球一些向前的力量,这样对于发球的旋转和稳定都会产生积极的影响,以免因为向前的力量不足,而发生触球时摩擦"打滑"的现象。

二、反手不转发球

在比赛中要想用这套发球迷惑对手,就必须有与反手加转球动作和球速都极为相似的不转球,只有这样才能达到迷惑对方,造成对方失误或为自己的进攻创造条件的目的。不转发球与加转发球越相似,这套发球效果就越好。

特点:球速慢,没有旋转。

动作要领(图3-3-23):

(1)左脚稍前,身体略向左倾,左手掌托球置于身体左前方。

(2)左手将球向上抛起,同时,上体向左后方转动,前臂内旋,球拍后仰,以肘为轴,前臂屈,向后上方引拍。

(3)转腰,大臂带动前臂快速向前向下挥动,以加大拍触球时的速度。

(4)当球从高点下降到基本与网高相同时,前臂加速向前下方发力,同时手腕内收,使球拍做弧线运动,用球拍拍头的左侧接触球,推弹球的中部,且不摩擦球。发短球时第一落点应靠近球网,发长球时第一落点应靠近端线。

图3-3-23　反手不转发球

(5)球离拍后,应顺势挥拍。

(6)调整重心,并迅速还原。

发好不转球的秘诀:

(1)手法应尽量与发加转球的动作和球速相似(详见正手发不转球秘诀),以迷惑对方,造成对方判断失误。

(2)发不转球的关键是在拍触球时用球拍的左侧接触球,由于球拍运动的方向向前下方,球应向上滚动,而用球拍的此部位接触球就会缩短球在球拍上运行的时间。最好是用球拍的最左侧接触球,在球一接触球拍就离手,从而达

到不摩擦球的目的。同时,应主动推、弹球的中部,以使球获得向前的力量,并适当加快球的出手速度。

第十二节 反手发右侧上、下旋球

作用:目前在国内外乒坛上,这套发球的使用率较高,横拍两面攻运动员,特别是正、反手抢攻能力较均衡或反手实力较强的运动员,都可以运用极相似的手法发出反手右侧上、下旋球。由于侧旋球在落台或接触球拍时作用力与反作用力的影响,使其与不带侧旋的球反弹角度不同,因此会给对方运动员回球造成困难。此外,如果侧上旋与侧下旋的动作相似,且穿插使用就会迷惑对方,使对方回球出现下网、出界、回出机会球等情况,从而直接得分或为自己创造进攻机会。

特点:以旋转变化为主,飞行弧线向左偏拐,对方回球时向其右侧下(上)偏拐。

动作要领:

一、反手发右侧下旋球(图3-3-24)

图3-3-24 反手右侧下旋球

(1)左脚稍前,身体略向左偏斜,左手掌托球置于身体左前方。

(2)左手将球向上抛起,同时,上体向左后方转动,前臂内旋,球拍后仰,以肘为轴,前臂屈,向后上方引拍。引拍动作幅度较大,手腕外展,以增大引拍的动作幅度。

(3)转腰,大臂带动前臂快速向前向下挥动,以加大拍触球时的速度。

(4)当球从高点下降到基本与网高相同时,前臂加速向前下方发力,同时手腕内收,前臂旋内,使球拍做弧线运动,用球拍拍头的右侧接触球,用力摩擦球的左侧中下部,直到球的右侧底部。发短球时第一落点应靠近球网,发长球时第一落点应靠近端线。

(5)球离拍后,应继续挥拍做发右侧上旋球的动作,以迷惑对方。

（6）调整重心，并迅速还原。

二、反手发右侧上旋球（图3-3-25）

（1）左脚稍前，身体略向左偏斜，左手掌托球置于身体左前方。

（2）左手将球向上抛起，同时，上体向左后方转动，前臂内旋，球拍后仰，以肘为轴，前臂屈，向后上方引拍。引拍动作幅度较大，手腕外展，以增大引拍的动作幅度。

（3）转腰，大臂带动前臂快速向前向下挥动，以加大拍触球时的速度。

图3-3-25 反手右侧上旋球

（4）当球从高点下降到基本与网高相同时，前臂加速向前下方发力，同时手腕内收，前臂旋内，使球拍做弧线运动，但不接触球，这只是迷惑对方的假动作。当手臂开始向上挥动时，前臂伸、旋内，手腕内收，使球拍从左下方向右上方，做弧线运动，用力摩擦球的左侧中部直到球的右侧中上部。发短球时第一落点应靠近球网，发长球时第一落点应靠近端线。

（5）球离拍后，顺势挥拍。

（6）调整重心，并迅速还原。

发好反手右侧上、下旋球的秘诀：

（1）发好正手左侧上、下旋球的秘诀，同样也适用于反手发右侧上、下旋球（详见本书正手发左侧上、下旋的秘诀）。

（2）本套发球和正手发左侧上、下旋一样，有一半的动作是假动作，因此，做假动作一定不能马虎，只有假动作做得逼真，让对方无法在动作外形上分辨真伪，才能达到迷惑对方，造成对方失误的目的。

（3）与反手发转与不转球发力短促集中的特点相比，本套发球的摩擦时间较长，因为需要同时完成侧旋和上（下）旋，因此，拍触球时必须要侧摩擦球以产生侧旋，同时还需要向上（下）摩擦球以产生上（下）旋。

（4）与反手发转与不转球相比，发好反手右侧上旋的难度较大，它需要更多的技巧，一般仅仅靠前臂的提拉不能产生强烈的旋转，还需要用爆发力使手背有一个向侧上方的"拱拉"动作，以加强拍触球摩擦的力量，使球在接触对方

球拍时,有一股向前上的"拱"劲儿,从而加大了对方接发球的难度。

第十三节　反手发急长球

作用:发急长球的目的与实战中的变化牵制有关。实战中,不管运动员发短球的质量高低,如果没有长球的配合,对手也会很快适应,并在接发球时尽量靠近球台,以方便尽快到位回接高质量的球;但如果在这个时候,运动员能够发出长、急,且富有变化的球,就可以达到扰乱牵制对方、破坏对方判断、打乱对方站位的目的。如果自己的实力较强,善于对攻,为了避免与对手过多地在近台纠缠,发挥自己的特长,也可以加大急长球的使用率。对于初学者或没有经过正规训练的选手,由于他们的步法一般不够灵活,两面照顾的范围较小,使用本套发球的效果更大。此外,在对手特别紧张时,用急长球偷袭往往能收到较好的效果。

特点:出手速度快,旋转强,落点变化多。

一、反手发上旋急球

动作要领(图3-3-26):

图3-3-26　反手发上旋急球

(1)两脚平行站立,身体略向左倾,左手托球置于身体左前方。

(2)仔细观察对方站位,琢磨准对方意图后,决定自己发球的路线,以达到偷袭的目的。

(3)左手将球向上抛起,同时上体向左后方转动,前臂屈,向后上方引拍,引拍动作幅度较大,手腕放松,拍面垂直。

(4)转腰,大臂带动前臂快速向前方挥动,以加大拍触球时的速度。

(5)当球从高点下降至基本与网相同时,用球拍的前端部位接触球,前臂加速向前方发力,在拍触球的瞬间加强手腕敲击、弹击的力量,以增大发球的突然性。发短球时第一落点应靠近球网,发长球时第一落点应靠近端线。

(6)球离拍后,应顺势挥拍。

（7）调整重心，并迅速还原。

二、反手发下旋急球

特点：球速快、落点长、冲力大、突然性强、球的飞行弧线低，同时球还带有一定的下旋。反手发急下旋球比急上旋球难以掌握，这是因为它既需要速度，又需要下旋的旋转，这是一对矛盾，必须将两者有机地结合，才能发出高质量的急下旋球。

动作要领（图3-3-27）：

（1）两脚平行站立，身体略向左倾，左手托球置于身体左前方。

（2）仔细观察对方站位，琢磨准对方意图后，决定自己发球的路线，以达到偷袭的目的。

（3）左手将球向上抛起，同时上体向左后方转动，前臂屈，向后上方引拍，引拍动作幅度较大，手腕放松，拍面垂直。

（4）转腰，大臂带动前臂快速向前方挥动，以加大拍触球时的速度。

图3-3-27　反手发下旋急球

（5）当球从高点下降至基本与网相同时，用球拍的前端部位接触球，球拍稍后仰，前臂加速向前下方发力，摩擦球的中下部并向底部摩擦。同时在拍触球的瞬间加强手臂、手腕弹切的力量，以增大发球的突然性。此外，此时还要将身体重心随着手臂的挥动向前下方用力下压，以帮着手臂控制弧线、增强力量。发短球时第一落点应靠近球网，发长球时第一落点应靠近端线。

（6）球离拍后，应顺势挥拍。

（7）调整重心，并迅速还原。

三、反手发轻短球

特点：球速较慢，落点短，突然性强，轻短球本身的威力并不大。因此，必须与反手发急上、下长球或反手发右侧上、下旋巧妙地结合，才能产生效果。

动作要领（图3-3-28）：

（1）两脚平行站立，身体略向左倾，左手掌托球置于身体左前方。

（2）仔细观察对方站位，琢磨准对方意图后，决定自己发球的路线，以达到偷袭的目的。

（3）左手将球向上抛起，同时上体向左后方转动，前臂屈，向后上方引拍。

（4）当球从高点下降至基本与网相同时，球拍稍后仰，前臂向前下方轻微发力送出，摩擦球的中下部并向底部摩擦，第一落点应靠近球网。

（5）球离拍后，应顺势挥拍。

（6）调整重心，并迅速还原。

图 3-3-28　反手发轻短球

发好反手急长球的秘诀：

与正手发急长球的秘诀相同（详见本书正手发急长球的秘诀）。

（1）一定要注意本套发球及其与反手其他发球的配合，才能收到良好的效果。

（2）本发球的特点是突然性，因此，必须注意：

发球落点的突然性，了解对方的思维模式，并根据对方接发球时的蛛丝马迹，大胆预测对方可能采取的接发球方式，主动变化，以打乱对方阵脚，以智取胜。

增加球的速度，提高发球的突然性，用球拍拍头的前端接触球，有利于加快球的出手速度；触球点低（尽量使其接近台面），保证球的反弹轨迹更多地向前而不是向上，加快球运行速度。

增加发球的隐蔽性，加大球的突然性，使本套发球引拍、迎球的动作相同，在球拍触球的瞬间再通过球拍的角度和发力方向，改变球的路线，发出斜、直线的变化。同样，应使发本套各种旋转的动作在外形上相似，以加大对方接发球的难度。

（3）拍触球时手腕、手指的动作及力量的大小是提高本套发球质量的基础，也应该是本套 3 种发球动作的唯一区别。

①发急下旋球：在拍触球的瞬间，加强手腕敲击、弹击和下切的力量，以增大发球的突然性，并使球获得下旋。

②发急上旋球：在拍触球的瞬间加强手腕的敲击、弹击和下切的力量，以增大发球的突然性。

③发轻短球：轻微发力送出。

第十四节　下蹲发球

作用：下蹲发球以旋转变化为主，目前在国内外乒坛较少使用，由于其摩擦的部位和方向与下手类发球区别较大，且发出的旋转球落到对方台面的反弹方向也有所变化，因此，在比赛中偶然使用，特别是在关键时刻或打不开局面时使用，对方常常因不适应而造成失误，从而达到意想不到的效果。由于当前无遮挡发球规则的实施，下蹲发球不易犯规，已开始有部分运动员学习在比赛中采用下蹲发球。但由于下蹲发球在发球时需要运动员完成下蹲动作，因此与抢攻衔接时，需要运动员更加灵活，判断更加准确，特别是侧身攻，对于那些身高较高的运动员就更加不利。所以，下蹲发球目前仅有少数运动员使用。

比赛中，下蹲发右侧上、下旋和下蹲发左侧上、下旋球，在击球前的准备姿势、引拍及抛球的动作完全一致，唯一的区别是在拍触球时突然改变拍形角度和用力方向，而发出的球在落台后，左、右侧旋有明显的左、右侧拐的现象，再附加上、下旋的变化，给对手接发球造成了很大的难度，从而起到了在关键时刻打乱对方阵脚的目的。

特点：旋转强，变化多，球落台反弹后有明显的侧拐现象。

一、下蹲发右侧下旋球

动作要领（图 3-3-29）：

（1）两脚平行站立或左脚在前、右脚在后，身体略向右偏斜，左手掌托球置于身体右前方。

（2）左手将球向上抛起，同时两膝弯曲做下蹲姿势，手臂上举高于肩，手腕外展，拍面向左倾斜。

（3）当球从高点下降至基本与网高相同时，前臂加速从左向右前下方挥动，手腕内收，用球拍的正手面前端部位接触球的正中部，并向球的右下部摩擦，使球具有一定的右侧下旋，球从对

图 3-3-29　下蹲发右侧下旋球

方球台反弹后向对方右边侧拐。发短球时第一落点应靠近球网,发长球第一落点应靠近端线。

（4）球离拍后,应顺势挥拍。

（5）调整重心,并迅速还原。

二、下蹲发右侧上旋球

图 3-3-30　下蹲发右侧上旋球

动作要领(图 3-3-30):

（1）两脚平行站立或左脚在前、右脚在后,身体略向右偏斜,左手掌托球置于身体右前方。

（2）左手将球向上抛起,同时两膝弯曲做下蹲姿势,手臂上举高于肩,手腕外展,拍面向左倾斜。

（3）当球从高点下降至基本与网高相同时,前臂加速从左向右前下方挥动,手腕内收,用球拍的正手面前端部位接触球的正中部,并向球的右上部摩擦,使球具有一定的右侧上旋,球从对方球台反弹后向对方右边侧拐。发短球时第一落点应靠近球网,发长球时第一落点应靠近端线。

（4）球离拍后,应顺势挥拍。

（5）调整重心,并迅速还原。

三、下蹲发左侧下旋球

图 3-3-31　下蹲发左侧下旋球

动作要领(图 3-3-31):

（1）两脚平行站立,身体正对球台,左手掌托球置于身体右前方。

（2）左手将球向上抛起,同时两膝弯曲做下蹲姿势,手臂上举高于肩,手腕外展。

（3）当球从高点下降至基本与网高相同时,前臂加速从右向左前下方挥动,手腕内收,用球拍的反手面前端部位接触球的正中部,并向球的左下部摩擦，使球具有一定的左侧下旋，球从对方球台反弹后向对方左边侧拐。发短球时第一落点应靠近球网，发长球时第一落点应靠近端线。

（4）球离拍后，应顺势挥拍。

（5）调整重心，并迅速还原。

四、下蹲发左侧上旋球

动作要领（图 3-3-32）：

（1）两脚平行站立，身体正对球台，左手掌托球置于身体右前方。

（2）左手将球向上抛起，同时两膝弯曲做下蹲姿势，手臂上举高于肩，手腕外展。

（3）当球从高点下降至基本与网高相同时，前臂加速从右向左前上方挥动，手腕内收，用球拍的反手面前端部位接触球的正中部，并向球的左上部摩擦，使球具有一定的左侧上旋，球从对方球台反弹后向对方左边侧拐。发短球时第一落点应靠近球网，发长球时第一落点应靠近端线。

图 3-3-32　下蹲发左侧上旋球

（4）球离拍后，应顺势挥拍。

（5）调整重心，并迅速还原。

做好下蹲发球的秘诀：

（1）一定要注意本套发球之间的配合，才能收到良好的效果。

（2）本发球的特点是旋转变化大，因此必须注意：增加发球的隐蔽性，加大球的突然性，使本套发球引拍、迎球的动作相同，在球拍触球的瞬间再通过拍形角度和发力方向，改变球的旋转，发出左右侧旋和上下旋的变化。同样，应使发本套各种旋转的动作在外形上极为相似，以加大对方接发球的难度。

（3）拍触球时手腕、手指的动作及力量的大小，是提高本套发球质量的基础，也应该是本套 4 种发球动作间的唯一区别。

①左侧下旋球：从右向左前下方发力，从球的正中部向左下部摩擦。

②左侧上旋球：从右向左前上方发力，从球的正中部向左上部摩擦。

③右侧下旋球：从左向右前下方发力，从球的正中部向右下部摩擦。

④右侧上旋球：从左向右前上方发力，从球的正中部向右上部摩擦。

第四章 正手技术

正手技术是乒乓球运动员最基本的技术和最主要的得分手段，由于正手动作不受身体的妨碍，更易发挥全身的力量，因此，在规则变化后的当今乒坛，正手技术的好坏、威力的大小，是其技术风格是否鲜明、特长是否突出的标志，在某种程度上是其能否成为世界顶尖高手的保证，特别是男运动员。

一、正手快攻

作用：正手快攻是一项常用技术，如果运动员快攻技术掌握得好，比赛中不仅可以为扣杀创造机会，还可以结合落点的变化直接得分。

特点：站位近，动作小，球速快，有一定的力量，攻击性较强。

动作要领：(图 3-4-1)。

(1)判断来球，选好站位，站位应在近台。

(2)转腰带动手臂向后引拍，身体重心放在右脚。

(3)蹬地、转腰，重心从右脚转移到左脚，大臂带动前臂向前上方挥拍，球拍稍前倾，高点期或上升期击球中上部，拍触球时前臂旋内、屈。

(4)击球后顺势挥拍。

(5)调整重心，并迅速还原。

图 3-4-1 正手快攻　　　　图 3-4-2 正手位拉加转弧圈球

二、正手拉加转弧圈球

作用：正手加转弧圈是比赛中常用的技术，是对付强烈下旋球的有力武器，常用于接下旋发球、搓球或削球。此外，比赛中自己的接球位置不好或对方回球比较难接，不易发力时，也可以通过拉加转弧圈球过渡，以便寻找机会。

特点：球的飞行弧线较高、球速较慢，但上旋旋转强烈，所以球的稳定性好，不易失误。

动作要领：（图3-4-2）。

（1）判断来球，选好站位，左脚稍前，右脚稍后，重心较低。

（2）转腰带动手臂向下引拍，拍面稍前倾，沉肩垂臂，身体重心放在右脚。

（3）蹬地、转腰，重心从右脚转移到左脚，大臂带动前臂迅速向前上方迎球挥拍。

（4）拍形稍前倾，下降前期用力摩擦球的中部或中部偏上，拍触球时前臂旋内，手腕外展，发力顺序为腿、腰、肩、上臂、前臂、手腕、手指，最后传递到球上，发力方向以向上为主，略带向前。

（5）球离拍后，顺势挥拍。

（6）调整重心，并迅速还原。

三、正手拉前冲弧圈球

作用：前冲弧圈球具有较大的杀伤力，是弧圈类打法运动员对付上旋球和不太强烈下旋球的重要手段，近年来弧圈球结合快攻，快攻结合弧圈球已成为目前国际、国内乒坛的主体打法，拉前冲弧圈球是每一位反胶运动员必须要掌握的基本技术。

动作要领：

1.正手拉斜线（图3-4-3）

（1）判断来球，选好站位。

（2）转腰带动手臂充分向后下方引拍，身体重心放在右脚，球拍适当前倾。

（3）右脚蹬地、转腰，重心从右脚转移至左脚，大臂带动前臂向前上方挥拍。注意力的传递。

（4）大臂带动前臂向左前上方发力，球拍适当前倾，在高点期用力摩擦球的中上部,击球点在身体前,拍触球时前臂旋内,手腕外展,发力顺序为腿、腰、肩、大臂、前臂、手腕、手指,最后将力量全部作用在球上,腰部转动方向和拍面方向对着对方斜线大角度。

图 3-4-3　正手拉斜线前冲弧圈球　　　图 3-4-4　正手拉直线前冲弧圈球

（5）球离拍后,顺势挥拍。

（6）调整重心,并迅速还原。

2.正手拉直线（图 3-4-4）

动作要领与拉斜线基本一致,只是在拍触球时,击球点略偏后,摩擦球时拍面对着正前方,且腰部转动方向和挥拍发力方向对着对方直线,少向侧发力。

3.侧身拉斜线（图 3-4-5）

（1）判断来球,用侧身步法及时侧身,将位置让开。

（2）转腰带动手臂充分向后下方引拍,身体重心放在右脚,球拍适当前倾。

（3）右脚蹬地、转腰,重心从右脚转移到左脚,大臂带动前臂向前上方挥拍。注意力的传递。

（4）大臂带动前臂向右前上方发力,球拍适当前倾,在高点期用力摩擦球的中上部,击球点在身体前,拍触球时前臂旋内,手腕外展,发力顺序为腿、腰、肩、大臂、前臂、手腕、手指,最后将力量全部作用在球上,腰部转动方向、挥拍发力方向和拍面方向对着对方斜线大角度。

（5）球离拍后,顺势挥拍。

（6）调整重心,并迅速还原。

4．侧身拉直线（图 3-4-6）

动作要领与侧身拉斜线基本相同，与拉直线相比引拍时右脚稍前，击球点较靠前，击球时身体正对对方直线，腰部转动方向、挥拍发力方向和拍面方向对着直线大角度。

图 3-4-5 侧身拉斜线前冲弧圈球　　　　图 3-4-6 侧身拉直线前冲弧圈球

四、正手位拉侧旋弧圈球

作用：在回击正手位大角度球时经常使用，侧弧圈球可以加大对方运动员的跑动范围，增加对方回球的难度，迫使对方回出质量较差的球，甚至可以直接得分。此外，在本方位位置欠佳，不太适合发力拉冲时，也可以用拉侧旋弧圈球的方法过渡，以打乱对方的比赛节奏。

特点：球带有侧旋，使回球的弧线发生变化，在空中向右偏斜。

动作要领：（图 3-4-7）。

（1）判断来球，选好站位。

（2）转腰带动手臂充分向后下方引拍，身体重心放在右脚，球拍适当前倾，手腕放松，球拍内扣。

（3）右脚蹬地、转腰，重心从右脚转移到左脚，大臂带动前臂向右前上方挥拍。注意力的传递。

（4）大臂带动前臂向右前上方发力，球拍适当前倾，在下降前期用力摩擦球的右侧中部，并向左侧上方用力摩擦球，使球拍在空中划一个横向的圆弧形，身体向左扭转，球拍用力向右侧兜住球，以加大侧旋的力量。发力顺序为腿、腰、肩、大臂、前臂、手腕、手指，最后将力量全部作用在球上。

（5）球离拍后，顺势挥拍。

（6）调整重心，并迅速还原。

五、正手快带

作用：正手快带是比赛中常用的技术，是对付弧圈球的基本技术，是相持或被动时转变为主动的过渡技术。主要是借助对方来球的力量，利用转腰的动作快速击球，将球带回，以减弱对方弧圈的旋转、力量和速度，从而达到改变球的运动节奏，变被动为主动的目的。

特点：速度快、弧线低、线路活，落点变化多。

动作要领：（图3-4-8）。

图3-4-7 正手拉侧旋弧圈球　　　　图3-4-8 正手快带

（1）判断来球，选好站位，左脚在前，右脚稍后，离台约40厘米。

（2）转腰向后引拍，拍面前倾，根据来球的旋转确定球拍位置，一般应略高于球。

（3）转腰快速向前迎球挥拍。

（4）拍形前倾，上升期击球中上部，借助腰和髋的转动，手臂迎前带击，手腕保持相对固定，以借力为主（如果对方来球旋转不强也可适当自己发力）。快带直线：拍触球的中部，由后向前发力；快带斜线：拍触球中部偏右，在向前发力的同时向左摆动。

（5）球离拍后，顺势挥拍。

（6）调整重心，并迅速还原。

六、正手扣杀

作用:正手扣杀是各种类型打法运动员必须掌握的重要技术,是比赛时得分的主要手段。一般是在运动员用其他技术获得主动优势,对方回球出现机会时使用。

动作要领:(图 3-4-9)。

(1)判断来球,选好站位,左脚稍前,右脚稍后,离台的距离视对方回球情况而定,回球短站位近台,回球长站位较远。

(2)腰部、髋部带动整个手臂向右后方引拍,尽量拉大球拍与球之间的距离,以增大加速距离,身体重心放在右脚,拍面前倾。

(3)右脚蹬地、转腰,重心从右脚转移到左脚,大臂带动前臂挥拍,向前挥拍迎球。注意力的传递。

(4)手臂在身体的配合下以最快速度向前挥动,以增加挥拍击球的加速度,球拍适当前倾,在高点期或上升期用力击球的中上部,击球点在身体前。全身协调发力,发力顺序为腿、腰、肩、大臂、前臂、手腕、手指,最后将力量全部作用在球上,用爆发力向左前下方发力,使击球瞬间的初速度最大,以便直接得分。

(5)球离拍后,顺势挥拍。

(6)调整重心,并迅速还原。

七、正手扣杀高球

作用:正手扣杀是各种类型打法运动员必须掌握的重要技术,是比赛时得分的主要手段。一般是在运动员用其他技术获得主动优势,对方回球出现机会时使用。许多运动员在陷入被动后,常常被迫退后放高球,因此比赛中经常出现杀高球的场面。但是,如果运动员没有过硬的杀高球技术,常常会丢掉机会。

特点:动作大、力量重,是还击高球的一种进攻技术和有效办法。

动作要领:分为慢杀和快杀两种。

(一)慢杀高球(图 3-4-10)

特点:在下降期击球,击球力量大、命中率高,但突然性不如快杀。

(1)判断来球,选好站位,左脚稍前,右脚稍后,离台的距离视对方回球情况而定,回球短站近台位,回球长站较远位。

(2)腰部、髋部带动整个手臂向右后方引拍,尽量拉大球拍与球之间的距离,以增大加速距离,身体重心放在右脚,拍面前倾。

(3)右脚蹬地、转腰,重心从右脚转移到左脚,大臂带动前臂向前上挥拍迎球。注意力的传递。

(4)拍触球时手臂在身体的配合下以最快的速度向前下方挥动,以增加挥拍击球的加速度,球拍适当前倾,在下降期用力击球的中上部,击球点在身体前。全身协调发力,发力顺序为腿、腰、肩、大臂、前臂、手腕、手指,最后将力量全部作用在球上,用爆发力向左前下方发力,使击球瞬间的初速度最大,以便直接得分。

(5)球离拍后,由于动作较大,身体已向左方偏斜,重心便落在左脚上。

(6)调整重心,并迅速还原,准备下一板击球。

图 3-4-9 正手扣杀　　　　　　图 3-4-10 正手慢杀高球

(二)快杀高球(图 3-4-11)

特点:上升期击球中上部,速度快,可以起到打乱对方击球节奏的目的;但易失误,击球力量也受到限制。

(1)判断来球,选好站位,左脚稍前,右脚稍后,离台的距离视对方回球情况而定,回球短站近台位,回球长站较远位。

(2)腰部、髋部带动整个手臂向右后方引拍,尽量拉大球拍与球之间的距离,以增大加速距离,身体重心放在右脚,拍面前倾。

（3）右脚蹬地、转腰，重心从右脚转移到左脚，大臂带动前臂向前上挥拍迎球。注意力的传递。

（4）拍触球时手臂在身体的配合下以最快的速度向前下方挥动，以增加挥拍击球的加速度，球拍适当前倾，在上升期用力击球的中上部，击球点在身体前。全身协调发力，发力顺序为腿、腰、肩、大臂、前臂、手腕、手指，最后将力量全部作用在球上，用爆发力向左前下方发力，使击球瞬间的初速度最大，以便直接得分。

（5）球离拍后，顺势挥拍。

（6）调整重心，并迅速还原。

八、中远台拉球

作用：中远台拉球是弧圈类打法运动员必备的基本技术，运用得好，运动员可在中远台相持中占据主动，甚至可以直接得分，也可以在被动退台后进行过渡，以便变被动为主动。此外，削球选手也应该很好地掌握此项技术，以便突然反攻，打乱对方的比赛节奏。

特点：动作较大、力量较重、球速较慢、落台后有一定的前冲力。

动作要领：（图3-4-12）。

（1）判断来球，选好站位，左脚稍前，右脚稍后，离台较远。

（2）腰部、髋部带动整个手臂向右后下方引拍，尽量拉大球拍与球之间的距离，以增大加速距离，身体重心放在右脚，拍面前倾。

（3）右脚蹬地、转腰，重心从右脚转移到左脚，大臂带动前臂向前上挥拍迎球。注意力的传递。

（4）手臂，特别是大臂在身体的配合下以最快的速度向前上挥动，动作应做充分，以增加挥拍击球的加速度，球拍适当前倾，或高点期或下降前期用力击球的中上部，注意打摩结合，击球点在身体前，全身协调发力，发力顺序为腿、腰、肩、大臂、前臂、手腕、手指，最后将力量全部作用在球上，击球的力量可根据来球情况。发力时一定要抓住时机。

（5）球离拍后，顺势挥拍。

（6）调整重心，并迅速还原。

图 3-4-11 正手快杀高球

图 3-4-12 中远台拉球

九、中远台攻球

作用:中远台攻球是快攻运动员必备的基本技术,运用得好,运动员可在中远台相持中占据主动,甚至可以直接得分,也可以在被动退台后进行过渡,以便变被动为主动。此外,削球选手也应该很好地掌握此项技术,以便突然反攻,打乱对方的比赛节奏。

特点:站位稍远,照顾面较大,击球动作大,主动发力,回球力量大。

动作要领:(图3-4-13)。

(1)判断来球,选好站位,左脚稍前,右脚稍后,离台较远。

(2)腰部、髋部带动整个手臂向右后方引拍,尽量拉大球拍与球之间的距离,以增大加速距离,身体重心放在右脚,拍面前倾。

(3)右脚蹬地、转腰,重心从右脚转移到左脚,大臂带动前臂向前上挥拍迎球。注意力的传递。

(4)手臂,特别是大臂在身体的配合下以最快的速度向前上挥动,动作应做充分,以增加挥拍击球的加速度,球拍适当前倾,或高点期用力击球的中部,注意打摩结合,击球点在身体前,全身协调发力,发力顺序为腿、腰、肩、大臂、前臂、手腕、手指,最后将力量全部作用在球上,击球的力量可根据来球情况。发力时一定要抓住时机。

(5)球离拍后,顺势挥拍。

(6)调整重心,并迅速还原。

十、正手台内挑打

作用:正手台内挑打是进攻型运动员对付对方下旋近网短球的一项技术,运动员常常通过挑打将下旋球转变成上旋球,但应注意落点的变化和刁钻球。

特点:动作小,主要靠前臂和手腕发力,主动进攻意识好,突然性强。

动作要领:(图 3-4-14)。

(1)判断来球,选好站位,站位应在近台。

(2)放松手腕和前臂,手腕内收、屈,一只脚用单步插上,手臂伸入台内主动迎球。

(3)身体重心前压,前臂旋内、手腕外展、手指主动用力,触球的中后侧部,触球时打摩结合,并伴有一定的弹击动作,以增加回球的弧线和速度。回球的落点是关键,如挑直线应该向前上发力,也可滑板;挑斜线应向前上侧方发力。

(4)击球后,顺势挥拍。

(5)调整重心,并迅速还原。

图 3-4-13 中远台攻球　　　　图 3-4-14 正手台内挑打

十一、正手快点

作用:正手快点也是正手攻台内球,是用进攻手段对付台内近网球以争取主动的主要技术。目前乒乓球比赛中绝大多数运动员为了避免对方攻球,发球多数为近网短球,这时过硬的快点技术可以帮助运动员争取主动。

特点:站位近,动作小,主要靠前臂和手腕发力,速度快,线路活。

动作要领：(图 3-4-15)。

（1）判断来球，选好站位，站位应在近台。

（2）放松手腕和前臂，手腕内收、屈，一只脚用单步插上，手臂伸入台内主动迎球。

（3）前臂旋内、手腕外展、手指主动用力，在高点期击球。对方来球下旋较强，拍触球时球拍稍后仰，触球中下部，前臂、手腕向前上方用力，摩擦球的时间尽量长，以增加球的弧线高度，避免球下网；来球为一般的下旋球时，拍面应稍微垂直一些，触球中部偏下的位置，前臂、手腕向前发力，摩擦球的时间可适当缩短，以避免打出距离过长而出界；来球为上旋球，拍面前倾，触球中上部，并应该根据来球的反弹高度进行调整，前臂、手腕直接向前发力以避免出界。快点斜线时，球拍触球的中部偏右，前臂、手腕在向前发力的同时向左转动；快点直线时，球拍触球的中部，手腕在向前发力的同时可增加向右转动。

（4）击球后，顺势挥拍。

（5）调整重心，并迅速还原。

十二、正手滑板

作用：滑板是指利用身体的假动作或晃动，并配合拍触球时手腕的动作迷惑对方，使对方因为判断失误而丢失或回出质量较差的球，从而为进攻创造条件。

特点：站位近，动作小，突出的是出其不意。

动作要领：(图 3-4-16)。

（1）判断来球，选好站位，站位应在近台。

（2）转腰带动手臂向后引拍，身体重心放在右脚。

（3）蹬地、转腰，重心从右脚转移到左脚，大臂带动前臂向前上方挥拍，球拍稍前倾，高点期或上升期击球中上部，拍触球时球拍从右向左摩擦球的左侧部，手腕用力应快速有力。必须明确的是拍触球前的动作应与正手快攻的动作相同，但在拍触球时利用手腕的突然动作控制拍面角度、调整触球部位，以迷惑对方使产生错觉，达到声东击西的目的，但这只是一种配合的技术，如果没有良好的正手进攻技术，该技术的效果绝不会好。

（4）击球后，顺势挥拍。

（5）调整重心，并迅速还原。

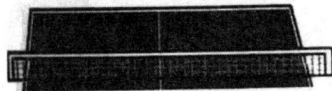

图 3-4-15 正手快点

图 3-4-16 正手滑板

十三、放高球

作用：放高球是运动员被动时常采取的一种手段。被动时运动员（特别是男运动员）经常退台后放高球，放高球时既可以利用带有一定上旋的、高弧线的、端线附近的球，给对方回球造成困难或失误，还可以消耗对方体力、打乱对方的比赛节奏。

特点：站位远，弧线曲度大，回球高。

动作要领：（以右手执拍为例，图 3-4-17）。

（1）判断来球，选好站位，站位应在远台。

（2）转腰带动手臂向后引拍，身体重心放在右脚。

（3）重心从右脚转移到左脚，大臂带动前臂向前上方挥拍，球拍稍前倾，下降后期击球中上部，上臂向前上方挥动时前臂向上提拉，发力主要以手臂为主，回球应尽量长、远，以打到对方端线附近，且反弹后高过对方头为好。

（4）击球后，顺势挥拍。

（5）调整重心，并迅速还原。

图 3-4-17

十四、正手平挡

作用：正手平挡是对付正手较快的上旋球或离网较近的加转弧圈球的技

术,常常在本方位置不合适时过渡。

特点:落点为近网短球,弧线较低,使对方不易连续进攻。

动作要领:(图3-4-18)。

(1)判断来球,选好站位,左脚较前,右脚稍后,离台约40厘米。

(2)身体前迎,重心升高,前臂提起。

(3)拍形前倾,上升期击球中上部,前臂旋内,向前盖住球的右侧中上部,手腕相对固定。

(4)球离拍后,顺势挥拍。

(5)调整重心,并迅速还原。

图3-4-18 正手平挡

十五、正手快推

作用:正手快推与正手平挡一样,都是对付正手加转弧圈球的技术。

特点:落点为近网短球,弧线较低,速度较快,力量较大。

动作要领:(图3-4-19)。

(1)判断来球,选好站位,左脚较前,右脚稍后,离台约40厘米。

(2)腰部稍向右转,手臂后引球拍,重心升高,前臂前提。

(3)蹬地、转腰,拍形前倾,上升期或高点期击球右侧中上部,前臂旋内,手臂主动向前下方发力,注意力的传递,依靠腰、手臂、手腕的力量以加快球速和加大球的力量。

(4)球离拍后,顺势挥拍。

(5)调整重心,并迅速还原。

图3-4-19 正手快推

第五章 反手技术

一、反手平挡

作用:反手平挡是初学者的入门技术,反复练习可以熟悉球性,体会击球的基本动作结构,有利于学习和掌握其他技术。

特点:球速慢,力量轻,旋转变化小,动作简单易掌握。

动作要领:(图 3-5-1)。

(1)判断来球,选好站位,站位应在近台。

(2)拍形稍前倾,手腕放松,手臂稍向左后方引拍,球拍高度视来球的情况而定,一般应略低于球。

(3)转腰带动前臂向前迎球。

(4)高点期击球中上部,腰带动并控制手臂、前臂和手腕向前迎球,主要借助来球的反弹力将球击出。

(5)球离拍后,顺势挥拍。

(6)调整重心,并迅速还原。

图 3-5-1 反手平挡   图 3-5-2 反手快拨

二、反手快拨

作用:反手快拨是横拍运动员反手近台的一项基本技术。

特点:动作小,球速快,线路活,借助来球的反弹力量还击,缺乏力量和进攻性。

动作要领:(图 3-5-2)。

(1)判断来球,选好站位。

(2)腰、髋向左转动,拍形稍前倾,肘关节向前突出,手腕内收、屈,手臂稍向左后方引拍,将球拍引到身体左侧,球拍高度视来球的情况而定,一般应略低于球。

(3)在腰和髋的配合下,手臂向前迎球。

(4)腰、髋向右转动,上臂带动前臂向前上方挥拍,肘关节伸、旋外,手腕伸、外展,上升期击球中上部,借助来球的力量将球拨回。

(5)球离拍后,顺势挥拍。

(6)调整重心,并迅速还原。

三、反手快带

作用:反手快带是横拍运动员反手对付弧圈球的一项基本技术。

特点:动作小,球速快,线路活,借助来球的反弹力量还击,缺乏力量和进攻性。

动作要领:(图 3-5-3)。

(1)判断来球,选好站位,应靠近球台,避免远离球台。

(2)腰、髋向左转动,拍形稍前倾,肘关节向前突出,手腕放松,手臂稍向左后方引拍,将球拍引到身体左侧,球拍高度视来球的情况而定,一般应略低于球。

(3)在腰和髋的配合下,手臂向前迎球。

(4)腰、髋向右转动,上臂带动前臂向前上方挥拍,肘关节伸、旋外,手腕相对固定,控制好拍形,上升期击球中上部,借助来球的力量将球拨回。

(5)击球后,顺势挥拍。

(6)调整重心,并迅速还原。

(7)快带斜线时,球拍触球的中左部,手臂向右前方挥拍;快带直线时,触球中部,发力方向主要向前。

四、反手快攻

作用:反手快攻是横拍运动员反手对攻中的一项基本技术,此项技术掌握得好,可以有效地增强运动员的进攻能力,使其在比赛中占据主动。

特点:站位近台,动作小,球速快,线路活,进攻性强。

动作要领:(图3-5-4)。

(1)判断来球,选好站位。

(2)腰、髋向左转动,拍形稍前倾,肘关节向前突出,手腕放松,屈,手臂稍向左后方引拍,将球拍引到身体左侧,球拍高度视来球的情况而定,一般应略低于球,使球拍与球保持一定的距离,以便于发力。

(3)在腰和髋的配合下,手臂向前迎球。

(4)腰、髋向右转动,上臂带动前臂向前上方挥拍,肘关节伸、旋外,手腕伸,外展,高点期击球中上部,根据球的长短和高度,发力将球击出。击球时注意力的传递。

(5)击球后,顺势挥拍。

(6)调整重心,并迅速还原。

图 3-5-3 反手快带　　　　　　图 3-5-4 反手快攻

五、反手弹

作用:反手弹是横拍运动员的一项较高级技术,它的威胁性较强。适用于对付旋转较弱、速度较慢、质量较差的上旋球。比赛中使用能有效地迫使对方陷于被动,从而为本方的进攻创造机会。现代比较优秀的横拍运动员一般都能较好地使用这项技术。

特点:回球力量大,球速快,弧线低,动作小,突然性强。

动作要领:(图3-5-5,图3-5-6)。

(1)判断来球,选好站位,站位应在近台。

(2)以肘为轴,屈肘、屈腕,上臂后引,肘关节稍向前顶,拍形稍前倾,将球拍引到身体前方,球拍高度视来球的情况而定,一般应略高于球。

(3)在腰和髋的配合下,手臂向前迎球。

(4)手臂迅速向前上挥动,在高点期击球中上部,腰部左转,身体重心从左脚移到右脚,身体前压、小臂发力以肘关节为轴,手指、手腕以腕关节为轴,同时向前弹击球,并且应注意在拍触时握紧球拍,以便充分发力。

(5)击球后,顺势挥拍。

(6)调整重心,并迅速还原。

图3-5-5 反手弹直线   图3-5-6 反手弹斜线

六、反手减力

作用:反手减力是横拍运动员的一项主要技术,在比赛中常常将反手拉冲与反手减力配合使用,由于两项技术在力量和落点上的差距较大,可以调动对方,使对方在移动中回出质量较差的球或漏出大破绽,从而为自己得分铺平道路。

特点:回球力量轻,落点短,回球低,但必须在对方远离球台时使用,方可奏效。

动作要领:(图3-5-7)。

(1)判断来球,选好站位,站位应在近台。

(2)拍形稍前倾,手腕放松,手臂稍向左后方引拍,球拍高度视来球的情况而定,一般应略低于球。

（3）手臂向前迎球。

（4）肘关节旋外、略升，上升期击球中上部，并在拍触球时注意摩擦，手臂与手腕稍向后收，以便缓解拍撞击球的力量，更好地控制球。

（5）击球后，顺势挥拍。

（6）调整重心，并迅速还原。

七、反手快撕

作用：反手快撕与反手平挡技术动作相似，只是比平挡动作难，同样也是用来对付对方挑过来的上旋球或其他技术回击的，但旋转不是很强的上旋球。

特点：球速较快，力量中等，旋转变化小。

动作要领：（图 3-5-8）。

（1）判断来球，选好站位，站位应在近台，脚步移动到位，击球点固定是本技术的关键，只有移动到位，并且重心位置合适才能保证在上升期击到球，才能保证击球的质量。

（2）拍形稍前倾，手腕放松，手臂稍向左后方引拍，球拍高度视来球的情况而定，一般应略低于球。

（3）转腰带动前臂向前迎球。

（4）上升期（球刚刚跳起时就接触球）击球中上部（有时靠近顶部），腰带动并控制手臂、前臂和手腕向前迎击，靠腰和手腕发力将球击出。

（5）球离拍后，顺势挥拍。

（6）调整重心，并迅速还原。

图 3-5-7 反手减力　　　　图 3-5-8 反手快撕

八、反手反拉

作用：反手反拉是对付弧圈球的一种技术，比赛时运动员应尽量抢先上手，但当对方运动员抢先上手后，可以用反拉的技术回击。

特点：动作较小，力量较轻，球速较快。

图 3-5-9 反手反拉

动作要领：(图 3-5-9)。

(1)判断来球，选好站位，右脚稍前，离台较近。

(2)拍形稍前倾，手腕屈、内收，拍头朝向自己怀里，肘关节向前突出，肘和手基本在一条线上。

(3)大臂带动前臂向前迎球。

(4)上升期击球中上部，动作要小，在平挡的基础上手腕向前用力摩擦球，依靠借力打出球的速度和旋转。

(5)球离拍后，顺势挥拍。

(6)调整重心，并迅速还原。

九、反手拉前冲弧圈球

作用：前冲弧圈球具有较大的杀伤力，是弧圈类打法运动员对付上旋球和不太强烈下旋球的重要手段和主要得分手段。近年来弧圈结合快攻、快攻结合弧圈已成为目前国际、国内乒坛的主体打法。拉前冲弧圈球是每一位反胶运动员必须掌握的基本技术。

特点：球的飞行弧线低、速度快、上旋强，落台后由于上旋的作用，其前冲力较大，并急剧下沉，是一种将速度、旋转很好结合的进攻性技术。

(一)拉斜线

动作要领：(图 3-5-10)。

(1)判断来球，选好站位，站位近台，右脚稍前。

(2)向左转腰、转髋，拍形稍前倾，手腕屈、内收，拍头朝下(机会球可将拍头朝向自己怀里），肘关节向前突出，手臂稍向左后方引拍，球拍高度视来球的情况而定，一般低于球。

（3）蹬地、转髋、转腰，带动前臂向前上方迎球，身体重心从左脚移至右脚。

（4）大臂带动前臂向右前上方发力，球拍适当前倾，用手腕的力量加速向前高点期或上升期用力摩擦球的中上部，拍触球时前臂旋外、手腕伸、外展，发力顺序为腿、腰、肩、大臂、前臂、手腕、手指，最后将力量全部作用在球上，腰部转动方向、挥拍发力方向和拍面方向对着对方斜线大角度。

（5）球离拍后，顺势挥拍。

（6）调整重心，并迅速还原。

（二）拉直线

动作要领：（图3-5-11）。

与斜线基本一致，只是在拍触球时，击球点略偏后，摩擦球时拍面对着正前方，且腰部转动方向和挥拍发力方向对着对方直线，少向侧发力。

图3-5-10 反手拉斜线前冲弧圈球　　图3-5-11 反手拉直线前冲弧圈球

十、反手拉加转弧圈球

作用：反手拉加转弧圈球是比赛中常用的技术，是对付强烈下旋球的有力武器，常用于接上旋发球、搓球或削球。此外，比赛中自己的接球位置不好或对方回球比较难接，不易发力时，也可以通过拉加转弧圈球过渡，以便寻找机会或本身出于战术的考虑主动改变节奏。

特点：球的飞行弧线较高、球速较慢，但上旋旋转强烈，所以球的稳定性好，不易失误。

动作要领：(图 3-5-12)。

(1)判断来球,选好站位,右脚稍前,离台较近。

(2)向左转腰、转髋,拍形稍前倾,手腕屈、内收,拍头朝下,沉肩垂臂,肘关节向前突出,手臂向下引拍,球拍高度视来球的情况而定,一般低于球,尽量加大球拍与球之间的距离,以增大加速距离。

(3)蹬地、转髋、转腰,身体重心从左脚移至右脚,大臂带动前臂向前上方迎球。

(4)拍形稍前倾,下降前期用力摩擦球的中部或中部偏上,拍触球时前臂旋外、伸,手腕伸、外展,发力顺序为腿、腰、肩、大臂、前臂、手腕、手指,最后将力量全部作用在球上,发力方向以向上为主,略带向前(如果对方来球旋转较强,应多向上摩擦,旋转不强则应多向前发力)。

(5)球离拍后,顺势挥拍。

(6)调整重心,并迅速还原。

十一、反手中远台拉前冲弧圈球

作用:中远台拉球是弧圈类打法运动员必备的基本技术,运用得好,运动员可在中远台的相持中占据主动,甚至可以直接得分,也可以在被动退台后进行过渡,以便变被动为主动。此外,削球选手也应该很好地掌握此项技术,以便突然反攻,打乱对方的比赛节奏。

特点:动作较大,力量较重,球速较慢,落台后有一定的前冲力。

动作要领:(图 3-5-13)。

(1)判断来球,选好站位,右脚稍前,离台较远。

(2)向左转腰、转髋,拍形稍前倾,手腕屈、内收,拍头朝下(机会球可将拍头朝向怀里),肘关节向前突出,手臂向下引拍,球拍高度视来球的情况而定,一般低于球。尽量加大球拍与球之间的距离,以增大加速距离。

(3)蹬地、转髋、转腰,身体重心从左脚移至右脚,大臂带动前臂向前上方迎球。

(4)手臂在身体的配合下以最快速度向前上挥动,前臂旋外、伸,手腕伸、外展,动作应做充分,以增加挥拍击球的加速度,拍形稍前倾,在高点期或下降前期用力击球的中上部,注意打磨结合,发力顺序为腿、腰、肩、大臂、前臂、手腕、手指,最后将力量全部作用在球上,击球的力量可根据来球情况,发力时一定要抓住时机。

（5）球离拍后，顺势挥拍。

（6）调整重心，并迅速还原。

图 3-5-12 反手拉加转弧圈球

图 3-5-13 反手中远台拉前冲弧圈球

十二、反手进攻台内短球

作用：进攻台内短球是目前运动员必备的基本技术，运用得好，运动员可主动上手占据主动，甚至可以直接得分。

特点：动作较小，力量较重，球速较快，落台后有一定的前冲力。

动作要领：（图 3-5-14）。

（1）判断来球，选好站位，右脚稍前，离台较近。

（2）向左转腰、转髋，拍形稍前倾，手腕屈、内收，拍头朝向自己怀里，肘关节向前突出，采取高手引拍，即引拍后球拍应高于台面。

（3）蹬地、转髋、转腰，身体重心从左脚移至右脚，大臂带动前臂向前上方迎球。

（4）手臂在身体的配合下以最快速度向前上挥动，前臂旋外、伸，手腕伸、外展，动作应做充分，以增加挥拍击球的加速度，球拍适当前倾，在高点期用力击球的中上部，注意打磨结合，全身协调发力，发力顺序为腿、腰、肩、大臂、前臂、手腕、手指，最后将力量全部作用在球上，击球的力量可根据来球情况。发力时一定要抓住时机。

（5）球离拍后，顺势挥拍。

（6）调整重心，并迅速还原。

十三、反手进攻出台球

作用:在对方球出台时,抓住时机抢先上手、主动发力以争取主动或直接得分。

特点:动作较大,力量较重,球速较快。

动作要领:(图3-5-15)。

(1)判断来球,选好站位,右脚稍前,离台依据来球的情况而变化。

(2)向左转腰、转髋,拍形稍前倾,手腕屈、内收,拍头朝下(机会球可朝向自己),肘关节向前突出,引拍高度应根据来球情况而定,引拍的距离应根据球离台的距离变化,离台越远引拍幅度应越大,以增大加速距离。

(3)蹬地、转髋、转腰,身体重心从左脚移至右脚,大臂带动前臂向前上方迎球。

(4)手臂在身体的配合下以最快速度向前上挥动,前臂旋外、伸,手腕伸、外展,动作应做充分,以增加挥拍击球的加速度,球拍适当前倾,在高点期用力击球的中上部,注意打磨结合,全身协调发力,发力顺序为腿、腰、肩、大臂、前臂、手腕、手指,最后将力量全部作用在球上,击球的力量可根据来球情况。发力时一定要抓住时机。此外,来球为上旋球时多向前发力,来球为下旋球时多向上发力,且旋转越强应多向上摩擦球;当自己击球位置较好时,可以多发力以增加回球的质量,如准备不足时,可降低回球的力量,以控制落点为主,以便减少失误,为下一板发力做好准备。

(5)球离拍后,顺势挥拍。

(6)调整重心,并迅速还原。

图3-5-14 反手进攻台内短球   图3-5-15 反手进攻出台球

十四、反手突击下旋球

作用：反手是生胶或正胶的横板运动员，在比赛中常常用反手突击下旋球，抢先上手、主动发力以争取主动或直接得分。

特点：动作较小，力量较重，球速较快。

动作要领：（图 3-5-16）。

（1）判断来球，选好站位，站位近台。

（2）前臂在腰的带动下向左下方引拍，球拍与球之间的距离适中，不可过大。

（3）蹬地、转髋、转腰，前臂在上臂的带动下加速向前挥动，以保证拍触球时的爆发力。

（4）手臂在身体的配合下以最快的速度向前上挥动，前臂旋外、伸，手腕伸、外展，在高点期击球。来球下旋较强时，球拍垂直，稍后仰，触球中下部，可增加摩擦球的力度；来球下旋较弱时，球拍稍前倾，触球中部或中上部，以撞击为主。当自己击球位置较好时，可以多发力以增加回球的质量，如准备不充分时，可降低回球的力量，以控制落点为主，以便减少失误，为下一板发力做好准备。

图 3-5-16　反手突击下旋球

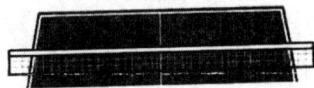

（5）球离拍后，顺势挥拍。

（6）调整重心，并迅速还原。

十五、反手放高球

作用：放高球是运动员被动时常采用的一种手段。被动时运动员特别是男运动员经常退到后台放高球，放高球既可以利用带有一定上旋的、高弧线的、端线附近的球，给对方回球造成困难或失误，还可以消耗对方的体力，打乱对方的比赛节奏。

特点：站位远，弧线曲度大，回球高。

动作要领：（图 3-5-17）。

（1）判断来球，选好站位，站位应在远台。

（2转腰带动手臂向后引拍，身体重心放在左

图 3-5-17　反手放高球

脚。

（3）重心从左脚移到右脚，大臂带动前臂向前上方挥拍，球拍稍前倾，下降后期击球中上部，上臂向前上方挥动时前臂向上提拉，发力主要以手臂为主，回球应尽量长、远，以打到对方端线附近，且反弹后高过对方头为好。

（4）球离拍后，顺势挥拍。

（5）调整重心，并迅速还原。

第六章　搓球技术

一、正手快搓

作用：正手快搓是进攻型打法主要采取的一种搓球技术，运用快搓技术可以缩短对方准备击球的时间，将快搓与其他搓球技术巧妙地结合，能主动改变击球节奏，为自己主动进攻创造机会。

特点：动作较小、速度快、变化多。

动作要领：(图 3-6-1)。

（1）判断来球，选好站位，站位在近台。

（2）前臂外旋，球拍稍后仰，以肘为轴，前臂向后方引拍，引拍动作不宜过大。

（3）身体迎前，手臂迅速向前下方迎球。

（4）球拍稍后仰，上升期击球中下部，利用上臂前送的力量，前臂和手腕适当向前下方发力摩擦球。击球时应根据对方来球情况进行适当的调整，来球下旋旋转较强，应触球偏底部位置，并应多向前发力；反之应触球偏中部，并多向下用力。

图 3-6-1 正手快挫

（5）球离拍后，顺势挥拍。

（6）调整重心，并迅速还原。

二、正手慢搓

作用：正手慢搓是防守型打法主要采取的一种搓球技术，进攻型运动员可

以利用慢搓与快搓相结合的技术,主动改变节奏和回球的旋转,为自己主动进攻创造机会。

特点:动作较大、速度较慢、旋转较强。

(一)搓直线

动作要领:(图3-6-2)。

(1)判断来球,选好站位,站位在中近台。

(2)身体右转,前臂外旋,球拍稍后仰,以肘为轴,前臂上提,同时手腕外展,向后上方引拍,将球拍引至身体左上方。

(3)身体迎前,手臂迅速向前下方迎球。

(4)球拍稍后仰,高点期或下降前期击球中下部,前臂外旋、伸,手腕内收,利用上臂前送的力量,前臂和手腕加速向前下方用力摩擦球。击球时应根据对方来球情况进行适当的调整,来球下旋旋转较强,应触球偏底部位置,并应多向前发力;反之应触球偏中部,并多向下用力。

(5)球离拍后,顺势挥拍。

(6)调整重心,并迅速还原。

(二)斜线

动作要领:基本与搓直线相同,只是拍触球时的拍形角度对着对方斜线大角度,发力方向为左前下方(图3-6-3)。

图3-6-2 正手慢搓直线　　　　图3-6-3 正手慢搓斜线

三、正手摆短

作用:正手摆短是目前各种类型打法运动员都必须掌握的技术,摆短技术掌握得好,可以有效地抑制对方运动员威力较大的进攻,并为自己的进攻创造机会。

特点:弧线低,落点短,对付近网的下旋球比较容易,对付长球或旋转不强的下旋球比较难。并且必须有其他技术相配合,否则在对方适应后易陷被动。

(一)摆中路

动作要领:(图3-6-4)。

(1)判断来球,选好站位,站位在近台。

(2)前臂外旋,球拍稍后仰,以肘为轴,前臂向后上方引拍,引拍动作不易过大。

(3)身体迎前,手臂迅速向前下方迎球。

(4)球拍稍后仰,上升期击球中下部或底部,触球时运动员手腕和前臂用力很小,主要借助对方反弹力将球击出。

(5)球离拍后,应减少顺势挥拍的动作。

(6)调整重心,并迅速还原。

(二)摆反手

动作要领:基本与摆中路相同,只是拍触球时的拍形角度对着对方斜线大角度,发力方向为左前下方(图3-6-5)。

| 图3-6-4 正手摆中路 | 图3-6-5 正手摆反手 |

(三)摆正手

动作要领:基本与摆中路相同,只是拍触球时的拍形角度对着对方正手大角度,发力方向为右前下方(图3-6-6)。

图 3-6-6 正手摆正手　　　图 3-6-7 正手劈长

四、正手劈长

作用:正手劈长是比赛中比较常用的搓球技术,运用正手劈长技术可以搓出又长又急的下旋球,最好能使球的落点在对方的端线附近,这种球由于使对方感觉来球"顶"球拍,从而难以发力。运动员在比赛中如果能将本技术与摆短技术巧妙结合,可以充分调动对方,为本方运动员的进攻创造机会。

特点:回球弧线高度较低,速度较快,落点长。

动作要领:(图 3-6-7)。

(1)判断来球,选好站位,站位在近台。

(2)身体右转,前臂外旋,球拍稍后仰,以肘为轴,前臂向后上方引拍,引拍动作幅度较大,以增大加速度的距离。

(3)转腰,身体迎前,手臂迅速向前下方迎球。

(4)与其他搓球技术相比,球拍稍垂直,上升期或高点期击球中下部,大臂带动前臂向前下方"砍球",以前臂发力为主,触球时运动员手腕和前臂用力向前下方摩擦球,注意应打摩结合,以使球产生向前的速度。

(5)球离拍后,应减少顺势挥拍的动作。

(6)调整重心,并迅速还原。

五、正手撇搓

作用:正手撇搓是比较高级的搓球技术,运用撇搓可以搓出侧旋球,从而使回球改变节奏和线路,撇搓技术掌握得好,可以有效地抑制对方运动员威力较大的进攻,并为自己的进攻创造机会。

特点:回球向侧拐。

动作要领:(图 3-6-8)。

(1)判断来球,选好站位,站位在近台。

(2)前臂外旋,球拍稍后仰,以肘为轴,前臂向后上方引拍,引拍动作不易过大。

(3)身体迎前,手臂迅速主动向前迎球。

(4)球拍稍后仰,高点期或下降前期触球左侧中下部,触球时运动员手腕和前臂用力向前左摩擦球,手腕前顶,伸手腕,使球拍更好地贴住球,以增大向左的摩擦时间,增加球的侧旋转强度。

(5)球离拍后,应减少顺势挥拍的动作。

(6)调整重心,并迅速还原。

图 3-6-8 正手撇搓

图 3-6-9 反手快搓

六、反手快搓

作用:反手快搓是进攻型打法主要采取的一种搓球技术。运用快搓技术可以缩短对方准备击球的时间,将快搓与其他搓球技术巧妙地结合,能主动改变击球节奏,为自己主动进攻创造机会。

特点:动作较小、速度快、变化多。

动作要领:(图 3-6-9)。

(1)判断来球,选好站位,站位在近台。

(2)前臂内旋,球拍稍后仰,以肘为轴,前臂向后方引拍,引拍动作不宜过大。

(3)身体,手臂迅速向前下方迎球。

(4)球拍稍后仰,上升期击球中下部,利用上臂前送的力量,前臂和手腕适当向前下方发力摩擦球。击球时应根据对方来球情况进行适当的调整,来球下旋旋转较强,拍触球偏底部位置,并应多向前发力;反之拍触球偏中部,并多向下用力。

(5)球离拍后,顺势挥拍。

(6)调整重心,并迅速还原。

七、反手慢搓

作用:反手慢搓是防守型打法主要采取的一种搓球技术,进攻型运动员可以利用慢搓与快搓相结合的技术,主动改变击球节奏和回球的旋转,为自己主动进攻创造机会。

特点:动作较大、速度较慢、旋转较强。

(一)搓直线

动作要领:(图 3-6-10)。

(1)判断来球,选好站位,站位在中近台。

(2)身体左转,前臂内旋,球拍稍后仰,以肘为轴,前臂上提,同时手腕外展,向后上方引拍,将球拍引至身体左上方。

(3)身体右转,手臂迅速向前下方迎球。

(4)球拍稍后仰,高点期或下降前期击球中下部,前臂内旋、伸,手腕内收,利用上臂前送的力量,前臂和手腕加速向前下方用力摩擦球。击球时应根据对方来球情况进行适当的调整,来球下旋旋转较强,拍触球偏底部位置,并应多向前发力;反之拍触球偏中部,并多向下用力。

(5)球离拍后,顺势挥拍。

(6)调整重心,并迅速还原。

（二）搓斜线

动作要领：基本与搓直线相同，只是拍触球时的拍形角度对着对方斜线大角度，发力方向为右前下方（图3-6-11）。

图 3-6-10 反手慢搓直线　　　　　图 3-6-11 反手慢搓斜线

八、反手摆短

作用：反手摆短是目前各种类型打法运动员都必须掌握的技术，摆短技术掌握得好，可以有效地抑制对方运动员威力较大的进攻，并为自己的进攻创造机会。

特点：弧线低，落点短，对付近网的下旋球比较容易，对付长球或旋转不强的下旋球比较难。并且必须有其他技术相配合，否则在对方适应后易陷被动。

动作要领：（图3-6-12）。

（1）判断来球，选好站位，站位在近台。

（2）前臂内旋，球拍稍后仰，以肘为轴，前臂向后上方引拍，引拍动作不易过大。

（3）身体迎前，手臂迅速向前下方迎球。

（4）球拍稍后仰，上升期击球中下部或底部，触球时运动员手腕和前臂用力很小，主要借助对方反弹力将球击出。

（5）球离拍后，应减少顺势挥拍的动作。

（6）调整重心，并迅速还原。

图 3-6-12 反手摆短

图 3-6-13 反手撇搓

九、反手撇搓

作用:反手撇搓是比较高级的搓球技术,运用撇搓可以搓出侧旋球,从而使回球改变节奏和线路,撇搓技术掌握得好,可以有效地抑制对方运动员威力较大的进攻,并为自己的进攻创造机会。

特点:回球向侧拐。

动作要领:(图 3-6-13)。

(1)判断来球,选好站位,站位在近台。

(2)前臂内旋,球拍稍后仰,以肘为轴,前臂向后上方引拍,引拍动作不易过大。

(3)身体迎前,手臂迅速主动向前迎球。

(4)球拍稍后仰,高点期或下降前期触球右侧中下部,触球时运动员手腕和前臂用力向前右摩擦球,手腕前顶,屈手腕,使球拍更好地贴住球,以增大向右的摩擦时间,增加球的侧旋转强度。

(5)球离拍后,应减少顺势挥拍的动作。

(6)调整重心,并迅速还原。

十、反手劈长

作用:反手劈长是比赛中比较常用的搓球技术,运用反手劈长技术可以搓出又长又急的下旋球,最好能使球的落点在对方的端线附近,这种球由于使对方感觉来球"顶"球拍,从而难以发力。运动员在比赛中如果能将本技术与摆短技术巧妙结合,可以充分调动对方,为本方运动员的进攻创造机会。

特点:回球弧线高度较低,速度较快,落点长。

图 3-6-14 反手劈长

动作要领:(图 3-6-14)。

(1)判断来球,选好站位,站位在近台。

(2)身体左转,前臂内旋,球拍稍后仰,以肘为轴,前臂向后上方引拍,引拍动作幅度较大,以增大加速度的距离。

(3)转腰,身体迎前,手臂迅速向前下方迎球。

(4)与其他搓球技术相比,球拍稍垂直,上升期或高点期击球中下部,大臂带动前臂向前下方"砍球",以前臂发力为主,触球时运动员手腕和前臂用力向前下方摩擦球,注意应打摩结合,以使球产生向前的速度。

(5)球离拍后,应减少顺势挥拍的动作。

(6)调整重心,并迅速还原。

第七章　削球技术

一、正手近削

作用:正手近削的回球速度较快,如果与落点变化很好地配合,可以调动对方,增加对方回球的难度,以达到直接得分、伺机反攻的目的。

特点:站位较近,动作较小,击球点高,回球速度快。

动作要领:(图 3-7-1)。

(1)判断来球,选好站位,左脚稍前,离台约 1 米左右。

(2)身体右转,前臂外旋,球拍稍后仰,以肘为轴,前臂上提,同时手腕外展,向后上方引拍,将球拍引至身体右上方。

(3)身体左转,手臂迅速向左前下方迎球。

（4）球拍稍后仰，高点期或下降前期击球中下部，随着身体左转，前臂外旋、伸，手腕内收，利用上臂前送的力量，前臂和手腕加速向前下方用力摩擦球。

（5）球离拍后，顺势挥拍。

（6）调整重心，并迅速还原。

二、正手远削

作用：正手远削以旋转变化为主，如果与落点变化很好地配合可以调动对方，增加对方回球的难度，以达到直接得分、伺机反攻的目的。

特点：击球点低，动作较大，速度较慢。

动作要领：（图 3-7-2）。

（1）判断来球，选好站位，左脚稍前，离台约 1 米以外。

（2）身体右转，前臂外旋，球拍稍后仰，以肘为轴，前臂上提，同时手腕外展，向后上方引拍，将球拍引至身体右上方。

图 3-7-1 正手近削　　　　　图 3-7-2 正手远削

（3）身体左转，手臂迅速向左前下方迎球。

（4）球拍稍后仰，下降后期击球中下部，随着身体左转，上臂带动前臂、手腕向左下方加速用力，同时前臂外旋、伸，手腕内收。由于击球点低，且弧线较长，因此要注意腿、腰、上臂、前臂、手腕之间的协调用力和力的传递，并且要多向前发力。根据对方来球的情况进行调整，如果对方来球旋转较强，触球中部，反之触球中下部。

（5）球离拍后，顺势挥拍。

（6）调整重心，并迅速还原。

三、正手削追身球

作用：正手削追身球是削球选手必备的技术，也是难度较大的技术，由于来球离身体较近，手臂常常由于身体的限制而不易发力，如果回球控制得不好，就会为对方进攻创造机会。因此，削球选手必须在对方来球直追身体时，能够及时让位，以便能回出高质量的球，从而控制对方的连续进攻。

特点：来球多为突击球或质量较高的弧圈球，重在控制，收腹、转腰、让位是关键。

动作要领：（图 3-7-3）。

（1）对方来球在身体正中或略偏右方，运动员应立即弯腰收腹迅速向右转体，同时右脚后撤，向左让位。

（2）前臂外旋，球拍稍后仰，上臂靠近身体，以肘为轴，前臂上提，同时手腕外展，向后上方引拍，将球拍引至身体右上方。

（3）身体左转，手臂迅速向左前下方迎球。

（4）球拍稍后仰，下降后期击球中下部，随着身体左转，上臂带动前臂、手腕向左下方加速用力，同时前臂外旋、伸，手腕内收。由于来球一般质量较高，多为突击球，因此应以前臂和手腕发力为主。不要过多的向前送球，应动作短促，以借力为主，重在控制弧线，抑制对方的连续进攻。如果对方来球质量一般，要注意腿、腰、上臂、前臂、手腕之间的协调用力和力的传递，并且在拍触球的瞬间，膀臂随身体重心的转动向前下方用力摩擦球。

（5）球离拍后，顺势挥拍。

（6）调整重心，并迅速还原。

四、正手削突击球

作用：正手削突击球是削球选手的一项重要技术，也是难度较大的技术，快攻选手常常在轻拉球或放短球之后，或在对搓中出现机会时突击，由于前一板球与突击球的差距较大，处理不当就会为对方连续进攻创造机会，甚至使对方直接得分。因此，削球选手必须有灵活的步法、准确的判断和较好的控制能力,才能顶住对方的突击,变被动为主动。

特点:来球质量速度快、冲力较大,重在控制,跑动到位是关键。

动作要领:(图3-7-4)。

(1)根据来球情况迅速移动步法向后退,左脚稍前。

(2)前臂迅速向上引拍,并加大前臂上提的动作,同时前臂外旋,球拍接近垂直,将球拍引至身体右前上方。

(3)手臂迅速从右前上方向左前下方迎球。

(4)球拍垂直,下降期击球中部,整个手臂从上向左下方用力切球,拍触球时手腕不要转动,压球的力量多于前送的力量,控制好球,借助对方来球的反弹力将球击回。拍触球时应依据对方来球的情况和自己的站位情况调节下压及前送的力量;如果对方来球速度较快、自己站位较远,向下发力的力量可稍微小一些;如果来球的力量一般,自己站位较远,在向下用力的同时应适当加大前送的力量,以避免球下网。

(5)球离拍后,顺势挥拍。

(6)调整重心,并迅速还原。

图3-7-3 正手削追身球　　　　图3-7-4 正手削突击球

五、正手削前冲弧圈球

作用:正手削前冲弧圈球是削球选手的一项重要技术,也是难度较大的技术,弧圈球选手常常在轻拉球或放短球之后,或在对搓中出现机会时,拉出质量较高的前冲弧圈球时,由于前一板球与前冲弧圈球的差距较大,处理不当就会为对方连续进攻创造机会,甚至使对方直接得分。因此,削球选手必须有灵活的步法、准确的判断和较好的控制能力,才能变被动为主动。

特点:来球上旋强,弧线曲度小,前冲力大。因此,本技术击球时间晚、击球点低、动作大,应较好地利用对方来球的力量。

动作要领:(图 3-7-5)。

(1)根据来球情况迅速移动步法向后退,左脚稍前。

(2)身体右转,前臂迅速向上引拍,并加大前臂上提的动作,同时前臂外旋,球拍接近垂直,将球拍引至身体右前上方,引拍的幅度应较大、距离也较长。

(3)身体左转,手臂迅速从左前下方迎球。

(4)球拍垂直,下降后期击球中部,随着身体左转,上臂带动前臂向前下方用力,手腕相对固定,拍触球时应做到先压、后削、最后送,借助对方来球的力量将球击回,同时应做好弯腰、屈膝的辅助发力动作。拍触球时应依据对方来球的情况和自己的站位情况调节下压及前送的力量, 如果对方来球前冲力较大、自己站位较近,应加大向下发力的力量;如果来球前冲力较大、自己站位较远,向下发力的力量可稍微小一些;如果来球前冲力一般、自己站位较远,在向下用力的同时应适当加大前送的力量,以避免球下网。

(5)球离拍后,顺势挥拍。

(6)调整重心,并迅速还原。

六、正手削加转弧圈球

作用:正手削加转弧圈球是削球选手的一项基本技术,也是难度较大的技术,削球选手必须能较好地处理加转弧圈球,才能在当今乒坛获得一席之地。

特点:来球上旋极强,拍触球后向上的反弹力大。

动作要领:(图 3-7-6)。

(1)根据来球情况选好站位,击球点保持在右腹前。来球前冲击力大、落点在端线附近应迅速后退,相反应迅速前移。

(2)身体右转,前臂迅速向上引拍,并加大前臂上提的动作,同时前臂外旋,球拍接近垂直,将球拍引至身体右前上方,引拍的幅度应较大、距离应较长。

（3）身体左转，手臂迅速从左前下方迎球。

（4）球拍垂直，下降后期击球中部，随着身体左转，上臂带动前臂向前下方用力，适当向前，手腕相对固定，拍触球时应做到先压、后削、最后送，借助对方来球的力量将球击回，同时应做好弯腰、屈膝的辅助发力动作。由于来球的旋转较强，因此在触球时应避开来球的强转区，尽可能的触及靠近旋转的部位，尽可能的触及靠近旋转轴的部位，最简单的办法就是逢斜变直（对方来球是斜线，我方回击直线），逢直变斜（对方来球是直线，我方回击斜线）。

（5）球离拍后，顺势挥拍。

（6）调整重心，并迅速还原。

图 3-7-5　正手削前冲弧圈球　　图 3-7-6 正手削加转弧圈球

七、正手削转与不转球

作用：高水平削球运动员都可以运用极相似的手法削出正手加转球和正手不转球，从而达到迷惑对方，为自己进攻创造机会的目的，甚至可以造成对方判断失误而直接得分。

特点：球速较慢，旋转变化大。

（一）正手削加转球

作用：是削好转与不转球的基础，运动员在比赛中要想迷惑对手，就必须先削好加转球，因为只有加转球旋转强烈，才能造成与不转球的强烈反差，而这种差异越大，效果越好。

特点：下旋强烈。

动作要领：（图 3-7-7）。

（1）根据来球选好站位，左脚稍前。

（2）身体右转，前臂外旋，球拍后仰，以肘为轴，前臂屈，向后上方引拍，前臂迅速向上引拍，引拍的幅度应较大，手腕外展，以增大引拍的动作幅度。总之，应尽量增大加速度的距离，以增加球的旋转。

（3）转腰，大臂带动前臂快速向前下方挥动，以加大拍触球时的速度。

（4）球拍稍后仰，下降后期用球拍前端的左侧面击球中下部，随着身体左转，上臂带动前臂、手腕向左下方加速用力，同时，前臂外旋、伸，手腕内收。由于击球点低，且弧线较长，因此要注意腿、上臂、手腕之间的协调用力和力的传递，并且要多向前发力。根据对方的来球情况进行调整，如果对方来球旋转较强，触球中部，反之触球中下部。

（5）球离拍后，顺势挥拍。

（6）调整重心，并迅速还原。

（二）正手削不转球

作用：是削好转与不转球的基础，运动员在比赛中要想迷惑对手，就必须有与正手削加转球动作和速度极为相似的不转球，只有这样才能迷惑对方，造成对方失误或为自己的进攻创造条件。不转削球与加转削球越相似，效果越好。

特点：没有旋转。

动作要领：（图3-7-8）。

（1）根据来球选好站位，左脚稍前。

（2）身体右转，前臂外旋，球拍后仰，以肘为轴，前臂屈，向后上方引拍，引拍的动作幅度较大，手腕外展，以增大引拍的动作幅度。总之，应尽量增大加速度的距离，以增加球的旋转。

（3）转腰，大臂带动前臂快速向前下方挥动，以加大拍触球时的速度。

（4）身体左转，上臂带动前臂、手腕向左下方加速用力，同时，前臂外旋、伸，手腕内收。球拍稍后仰，下降后期用球拍前端的右侧面接触球，推弹球的中部，且不摩擦球。手感好的运动员可以让来球在球拍上多停留一会儿，等来球旋转减弱后再向前推出，进一步迷惑对方，使其将卸力的过程误认为加力的过程。

（5）球离拍后，顺势挥拍。

（6）调整重心，并迅速还原。

图 3-7-7 正手削加转球

图 3-7-8 正手削不转球

八、正手削轻拉球

作用：正手削轻拉球是指削球选手回击对手拉过来的力量较小或上旋较弱的球，是削球选手的一项基本技术。

特点：在来球高点期或下降前期削球，可以通过落点变化和旋转变化提高回球的质量。

动作要领：（图 3-7-9）。

（1）根据来球选好站位，移动到位，左脚稍前。

（2）身体右转，前臂外旋，球拍后仰，以肘为轴，前臂屈，向后上方引拍。

（3）转腰，大臂带动前臂快速向前下方挥动。

（4）身体左转，上臂带动前臂、手腕向左下方加速用力，同时前臂外旋、伸，手腕内收。球拍稍后仰，在高点期或下降前触球中部偏下的位置。运动员可以根据自己和对方的情况灵活地运用削转与不转球的战术或逼角战术（回球弧线低，角度大），迫使对方失误或打出机会球。

（5）球离拍后，顺势挥拍。

（6）调整重心，并迅速还原。

九、反手近削

作用:反手近削的回球速度较快,如果与落点变化很好地配合,可以调动对方,增加对方回球的难度,以达到直接得分、伺机反攻的目的。

特点:站位较近,动作较小,击球点高,回球速度快。

动作要领:(图3-7-10)。

(1)判断来球,选好站位,右脚稍前,离台约1米。

(2)身体左转,前臂内旋,球拍稍后仰,以肘为轴,前臂上提,同时手腕外展,向后上方引拍,将球拍引至身体左上方。

(3)身体右转,手臂迅速向右前下方迎球。

(4)球拍稍后仰,高点期或下降前期击球中下部,随着身体右转,前臂内旋、伸,手腕内收,利用上臂前送的力量,前臂和手腕加速向前下方用力摩擦球。

(5)球离拍后,顺势挥拍。

(6)调整重心,并迅速还原。

图3-7-9 正手削轻拉球   图3-7-10 反手近削

十、反手远削

作用:反手远削以旋转变化为主,如果与落点变化很好地配合,可以调动对方,增加对方回球的难度,以达到直接得分、伺机反攻的目的。

特点:击球点低,动作较大,速度较慢。

动作要领：(图 3-7-11)。

(1)判断来球,选好站位,可脚稍前,离台约 1 米以外。

(2)身体右转,前臂内旋,球拍稍后仰,以肘为轴,前臂上提,同时手腕外展,向后上方引拍,将球拍引至身体左上方。

(3)身体右转,手臂迅速向右前下方迎球。

(4)球拍稍后仰,下降后期击球中下部,随着身体右转,上臂带动前臂、手腕向右下方加速用力,同时前臂外旋、伸,手腕内收,击球的瞬间,重心完全压在左腿上。由于击球点低,且弧线较长,因此要注意腿、腰、上臂、前臂、手腕之间的协调用力和力的传递,并且要多向前发力,向下用力后顺势向前送,重心向右腿交换。根据对方来球的情况进行调整,如果对方来球旋转较强,触球中部,反之触球中下部。

(5)球离拍后,顺势挥拍。

(6)调整重心,并迅速还原。

十一、反手削追身球

作用:反手削追身球是削球选手必备的技术,也是难度较大的技术,由于来球离身体较近,手臂常常由于身体的限制而不易发力,如果回球控制得不好,就会为对方进攻创造机会。因此,削球选手必须在对方来球直追身体时,能够及时让位,以便能回出高质量的球,从而控制对方的连续进攻。

特点:来球多为突击球或质量较高的弧圈球,重在控制,收腹、转腰、让位是关键。

动作要领:(图 3-7-12)。

(1)对方来球在身体正中或略偏左方,运动员应立即弯腰收腹迅速向左转体,同时左脚后撤,向右让位。

(2)前臂内旋,球拍稍后仰,上臂靠近身体,以肘为轴,前臂上提,同时手腕外展,向后上方引拍,将球拍引至身体左上方。

(3)身体左转,手臂迅速向右前下方迎球。

(4)球拍稍后仰,下降后期击球中下部,随着身体右转,上臂带动前臂、手腕向右下方加速用力,同时前臂内旋、伸,手腕内收。由于来球一般质量较高,多为突击球,因此应以前臂和手腕发力为主。不要过多的向前送球,而应动作短促,以借力为主,重在控制弧线,抑制对方的连续进攻。如果对方来球质量一般,要注意腿、腰、上臂、前臂、手腕之间的协调用力和力的传递,并且在拍触球的瞬间,膀臂随身体重心的转动向前下方用力摩擦球。

(5)球离拍后,顺势挥拍。

(6)调整重心,并迅速还原。

图 3-7-11 反手远削　　　　　图 3-7-12 反手削追身球

十二、反手削突击球

作用:反手削突击球是削球选手的一项重要技术,也是难度较大的技术,快攻选手常常在轻拉球或放短球之后,或在对搓中出现机会时突击,由于前一板球与突击球的差距较大,处理不当就会为对方连续进攻创造机会,甚至使对方直接得分。因此,削球选手必须有灵活的步法、准确的判断和较好的控制能力,才能顶住对方的突击,变被动为主动。

特点:来球质量速度快、冲力较大,重在控制,跑动到位是关键。

动作要领:(图 3-7-13)。

(1)根据来球情况迅速移动步法向后退,右脚稍前。

(2)前臂迅速向上引拍,并加大前臂上提的动作,同时前臂外旋,球拍接近垂直,将球拍引至身体左前上方。

(3)手臂迅速从左前上方向,向右前下方迎球。

(4)球拍垂直,下降期击球中部,整个手臂从上向右下方用力切球,拍触球时手腕不要转动,压球的力量多于前送的力量,控制好球,借助对方来球的反弹力将球击回。拍触球时应依据对方来球的情况和自己的站位情况调节下压及前送的力量。如果对方来球速度较快、自己站位较远，向下发力的力量可稍微小一些；如果来球的力量一般、自己站位较远，在向下用力的同时应适当加大前送的力量，以避免球下网。

（5）球离拍后，顺势挥拍。

（6）调整重心，并迅速还原。

十三、反手削前冲弧圈球

作用：反手削前冲弧圈球是削球选手的一项重要技术，也是难度较大的技术，弧圈球选手常常在轻拉球或放短球之后，或在对搓中出现机会时，拉出质量较高的前冲弧圈球，由于前一板球与前冲弧圈球的差距较大，处理不当就会为对方连续进攻创造机会，甚至使对方直接得分。因此，削球选手必须有灵活的步法、准确的判断和较好的控制能力，才能变被动为主动。

特点：来球上旋强，弧线曲度小，前冲力大。因此，本技术击球时间晚、击球点低、动作大，并应较好地利用对方来球的力量。

动作要领：（图3-7-14）。

图3-7-13 反手削突击球　　　　图3-7-14 反手削前冲弧圈球

（1）根据来球情况迅速移动步法向后退，右脚稍前。

（2）身体左转，前臂迅速向上引拍，并加大前臂上提的动作，同时前臂内旋，球拍接近垂直，将球拍引至身体左上方，引拍的幅度应较大、距离应较长。

（3）身体右转，手臂迅速从右前下方迎球。

（4）球拍垂直，下降后期击球中部，随着身体右转，上臂带动前臂向前下方用力，手腕相对固定，拍触球时应做到先压、后削、最后送，借助对方来球的力量将球击回，同时应做好弯腰、屈膝的辅助发力动作。拍触球时应依据对方来球的情况和自己的站位情况调节下压及前送的力量，如果对方来球前冲力较大、自己站位较近，应加大向下发力的力量；如果来球前冲力较大、自己站位较远，向下发力的力量可稍微小一些；如果来球前冲力一般、自己站位较远，在向下用力的同时应适当加大前送的力量，以避免球下网。

（5）球离拍后，顺势挥拍。

（6）调整重心，并迅速还原。

十四、反手削加转弧圈球

作用：反手削加转弧圈球是削球选手的一项基本技术，也是难度较大的技术，削球选手必须能较好地处理加转弧圈球，才能在当今乒坛获得一席之地。

特点：来球上旋极强，拍触球后向上的反弹力大。

动作要领：（图3-7-15）。

（1）根据来球情况选好站位，击球点保持在左腹前。来球前冲击力大、落点在端线附近应迅速后退，相反应迅速前移。

（2）身体左转，前臂迅速向上引拍，并加大前臂上提的动作，同时前臂内旋，球拍接近垂直，将球拍引至身体右上方，引拍的幅度应较大、距离应较长。

（3）身体右转，手臂迅速从右前下方迎球。

（4）球拍垂直，下降后期击球中部，随着身体右转，上臂带动前臂向前下方用力，适当向前，手腕相对固定，拍触球时应做到先压、后削、最后送，借助对方来球的力量将球击回，同时应做好弯腰、屈膝的辅助发力动作。由于来球的旋转较强，因此在触球时应避开来球的强转区，尽可能的触及靠近旋转的部位，尽可能的触及靠近旋转轴的部位，最简单的办法就是逢斜变直（对方来球是斜线，我方回击直线），逢直变斜（对方来球是直线，我方回击斜线）。

（5）球离拍后，顺势挥拍。

（6）调整重心，并迅速还原。

图 3-7-15 反手削加转弧圈球 　　　图 3-7-16 反手削加转球

十五、反手削加转球与不转球

作用：高水平削球运动员都可以运用极相似的手法削出反手加转球和反手不转球，从而达到迷惑对方，为自己进攻创造机会的目的，甚至可以造成对方判断失误而直接得分。

特点：球速较慢，旋转变化大。

（一）反手削加转球

作用：是削好转与不转球的基础，运动员在比赛中要想迷惑对手，就必须先削好加转球，因为只有加转球旋转强烈，才能造成与不转球的强烈反差，而这种差异越大，效果越好。

特点：下旋强烈。

动作要领：（图 3-7-16）。

（1）根据来球选好站位，右脚稍前。

（2）身体左转，前臂内旋，球拍后仰，以肘为轴，前臂屈，向后上方引拍，前臂迅速向上引拍，引拍的幅度应较大，手腕外展，以增大引拍的动作幅度。总之，应尽量增大加速度的距离，以增加球的旋转。

（3）转腰，大臂带动前臂快速向前下方挥动，以加大拍触球时的速度。

（4）球拍稍后仰，下降后期用球拍前端的左侧面击球中下部，随着身体右转，上臂带动前臂、手腕向右下方加速用力，同时，前臂内旋、伸，手腕内收。由于击球点低，且弧线较长，因此要注意腿、上臂、手腕之间的协调用力和力的传递,并且要多向前发力。根据对方的来球情况进行调整,如果对方来球旋转较强,触球中部,反之触球中下部。

(5)球离拍后,顺势挥拍。

(6)调整重心,并迅速还原。

(二)反手削不转球

作用:是削好转与不转球的关键,运动员在比赛中要想迷惑对手,就必须有与反手削加转球动作和速度极为相似的不转球,只有这样才能迷惑对方,造成对方失误或为自己的进攻创造条件。不转削球与加转削球越相似,效果越好。

特点:没有旋转。

动作要领:(图3-7-17)。

(1)根据来球选好站位,右脚稍前。

(2)身体左转,前臂内旋,球拍后仰,以肘为轴,前臂屈,向后上方引拍,引拍的动作幅度较大,手腕外展,以增大引拍的动作幅度。总之,应尽量增大加速度的距离,以增加球的旋转。

(3)转腰,大臂带动前臂快速向前下方挥动,以加大拍触球时的速度。

(4)身体右转,上臂带动前臂、手腕向右下方加速用力,同时,前臂内旋、伸,手腕内收。球拍稍后仰,下降后期用球拍前端的左侧面接触球,推弹球的中部,且不摩擦球。手感好的运动员可以让来球在球拍上多停留一会儿,等来球旋转减弱后再向前推出,进一步迷惑对方,使其将卸力的过程误认为加力的过程。

(5)球离拍后,应顺势挥拍。

(6)调整重心,并迅速还原。

十六、反手削轻拉球

作用:反手削轻拉球是指削球选手回击对手拉过来的力量较小或上旋较弱的球,是削球选手的一项基本技术。

特点:在来球高点期或下降前期削球,可以通过落点变化和旋转变化提高回球的质量。

动作要领:(图3-7-18)。

（1）根据来球选好站位，移动到位，右脚稍前。

（2）身体左转，前臂内旋，球拍后仰，以肘为轴，前臂屈，向后上方引拍。

（3）转腰，大臂带动前臂快速向前下方挥动。

（4）身体右转，上臂带动前臂、手腕向右下方加速用力，同时前臂内旋、伸，手腕内收。球拍稍后仰，在高点期或下降前触球中部偏下的位置。运动员可以根据自己和对方的情况灵活地运用削转与不转球的战术或逼角战术（回球弧线低，角度大），迫使对方失误或打出机会球。

（5）球离拍后，应顺势挥拍。

（6）调整重心，并迅速还原。

图 3-7-17 反手削不转球　　　　图 3-7-18 反手削轻拉球

第八章　基本技术的易犯错误

一、正手技术

（一）大臂夹的过紧（图 3-8-1）

虽然前臂、手腕、手指在任何正手技术中的作用都不容忽视，但大臂在运动中依然发挥着重要的作用（回击近网短球除外），而在挥拍击球时，大臂夹得过紧就会影响大臂的运动幅度，从而使大臂的力量发不出来，影响回球质量，用大臂带动前臂向前上方发力,并有效地使身体的力量通过大臂、前臂、手腕、手指最后作用在球上。

纠正方法:

(1)让初学者将非执拍手放在腋下击球。

(2)让练习者退到中远台击球,体会大臂发力的感觉。

(3)站在练习者的身后,用手抓住练习者的手,一起挥臂击球,让练习者被动地体会动作。

(二)抬肘(图 3-8-2)

虽然前臂、手腕、手指在任何正手技术中的作用都不容忽视,但过度的运动反而会降低球的质量,甚至会造成失误,特别是回击正手大角度球、强烈的下旋球、较快的半高球等则难度就更大。因此,初学者在练习正手技术时,一定要注意击球后手高于肘,用大臂带动前臂向前向上方发力,并有效地使身体的力量通过大臂、前臂、手腕、手指最后作用在球上。

纠正方法:

(1)让初学者将非执拍手压在肘关节处击球。

(2)站在练习者的身后,用手抓住练习者的手,一起挥臂击球,让练习者被动的体会动作。

图 3-8-1 大臂夹得过紧　　　　　　　　图 3-8-2 抬肘

（三）翘腕（图 3-8-3）

手指、手腕是高水平运动员正手技术的关键，它是将身体其他环节的力有效地传递到球拍的最后环节，也是击球时有效调节回球落点、线路的关键部位，因此绝不能忽视。初学者往往由于手腕过度紧张使击球时拍头上翘，这样就会在手腕部位产生分力，不能使身体其他环节的力全部有效地作用到球上，从而影响回球的质量，甚至会造成回球失误。因此，初学者在练习正手技术时，一定要注意击球时放松手腕，让球拍成为前臂的延长线，以保证力的有效传递。

纠正方法：

（1）击球时手臂、手腕放松，让球拍成为手臂的延长线。

（2）站在练习者的身后，用手抓住练习者的手，一起挥臂击球，让练习者被动的体会动作。

（四）吊腕（图 3-8-4）

手指、手腕是高水平运动员正手技术的关键，它是将身体其他环节的力有效地传递到球拍的最后环节，也是击球时有效调节回球落点、线路的关键部位，因此绝不能忽视。初学者往往由于手腕过度放松使击球时出现吊腕现象，这样就会在手腕部位产生分力，不能使身体其他环节的力全部有效地作用到球上，从而影响回球的质量，甚至会造成回球失误。因此，初学者在练习正手技术时，一定要注意击球时放松手腕，让球拍成为前臂的延长线，以保证力的有效传递。

纠正方法：

（1）击球时手臂、手腕适当放松，让球拍成为手臂的延长线。

（2）有时也可能是手握拍过松，应根据情况适当调整握拍。

（3）站在练习者的身后，用手抓住练习者的手，一起挥臂击球，让练习者被动的体会动作。

（五）击球时拍形外撇（图 3-8-5）

身体各环节的力在正手击球时应该按照一定的顺序协调用力，某一环节过早或过晚发力都会影响整个动作的正确性，影响力的有效传递。初学者往往由于肩关节过早的左转，与身体其他环节脱节而造成击球时拍形外撇，从而影响回球质量。因此,初学者在练习正手技术时,一定要注意挥拍时各个关节的协调用力,以提高击球质量。

纠正方法:暂时多练习斜线。

图 3-8-3 翘腕

图 3-8-4 吊腕

（六）击球时拍形后仰（图 3-8-6）

食指、大拇指在横拍正、反手技术中起着一个微调的作用,它有效控制着击球时的球拍的拍面方向。反手攻球时,以食指根部为支点,拇指加力压拍控制拍形,并传递力量,必要时可稍微向上移动,以便于压拍;正手攻球时,应注意食指用力压拍,以拇指第一指节为支点,与中指协调用力控制拍形,并传递力量。必要时可将食指向球拍中部移动,以帮助压拍。初学者往往由于左右交替击球时,不能有效地运用食指和大拇指控制拍形,从而造成击球失误。有时也因为球拍使用时间过长,而造成球拍的弹性和黏性下降,不得不采取球拍后仰来避免球下网,但这样回击的球常因质量较低而引起被动。

纠正方法:

（1）更换球拍的覆盖物。

（2）击球时要摩擦球,不要撞球。

（3）站在练习者的身后,用手抓住练习者的手,一起挥臂击球,让练习者被动的体会动作。

图 3-8-5 拍形外撇　　　　　图 3-8-6 拍形后仰

（七）拉弧圈球时引拍幅度过小，方向不对（图 3-8-7）

根据物理学原理，在加速度相同的情况下，加速度的距离越长，打出球的质量越高，因此，运动员在拉球时一定要尽可能地增大引拍距离，以加大加速度的距离。但初学拉球时，初学者往往过多地考虑回球的成功率，忽视回球的质量，不敢增大引拍距离，同时也区分不清拉加转弧圈球与拉前冲弧圈球的区别。这就要求初学者必须记住引拍是拉好弧圈球的第一步，一定要给予足够重视，同时注意引拍的正确方向，拉加转弧圈球以向下引拍为主，拉前冲弧圈球以向后引拍为主。

纠正方法：

（1）站在练习者身后，令其引拍时用球拍接触你的身体。

（2）让练习者退到中远台拉球，以加大引拍距离。

（3）给练习者发强烈的下旋球，令其用加转弧圈球回击。

（八）拉弧圈球时撞球多，摩擦少（图 3-8-8）

拍触球时，有效地摩擦球是使球产生旋转的关键，这个动作的细节对于初学者来讲比较难，但又必须掌握好，否则就不能称为弧圈球，也不能在比赛中提升自己的威力。

纠正方法：

（1）请仔细阅读拉加转弧圈球和拉前冲弧圈球的动作要领，了解击球部位、用力方向、拍面角度等细节。

（2）在乒乓球的中间穿一根铁丝，仔细体会拍触球时的打摩动作，直到能让带轴的乒乓球产生强烈的旋转。

图 3-8-7 拉弧圈球时引拍幅度
过小，方向不对

图 3-8-8 拉弧圈球时撞球多，摩擦少

（九）只靠上肢发力（图 3-8-9）

业余选手与专业选手在正手击球时的最大区别就在于，是只靠上肢发力，还是身体各部位有效地配合，全身协调发力。无论一个人上肢的力量有多大，也不会比腿、髋、腰等大关节的肌肉力量大，因此，初学者只用上肢发力这是一种资源的浪费，也是比赛中不能通过提高击球质量来争取主动，获得胜利的关键。只有蹬地、转髋、转腰与上肢协调配合，并最终将力量集中作用在球上，才能完成高质量的击球。

纠正方法：

（1）站在练习者身后，两手扶住练习者的髋关节。在练习者练习时，抓住正确时机，用手转动练习者的髋和腰，以方便其体会动作。

（2）让练习者退到中远台拉球，以体会蹬地、转髋、转腰的动作。

二、反手技术

（一）站位不对（图 3-8-10）

反手击球时两脚的正确位置应该是左脚稍前，右脚稍后，或两脚平行站立。初学反手时，初学者为了方便反手回击，总是右脚在前，左脚在后，这样可能打反手时感觉很舒服，但当你养成习惯，进行结合技术练习或在比赛中使用时，就会感觉别扭，因为这样的站位不利于与正手技术的衔接，更不利于侧身抢攻。因此，在初学反手时，一定要牢记练习的目的是为了比赛，在比赛中不能有效使用的东西一定要克服。

纠正方法：

（1）及时发现站位问题，并让练习者了解其意义。

（2）督促检查，千万不能让初学者养成不好的习惯。

图 3-8-9 只靠上肢发力　　　　图 3-8-10 站位错误

（二）体外击球（图 3-8-11）

反手击球时，引拍的正确位置应是身体中线偏左，但不超过身体。初学反手时，初学者受正手思维的影响，引拍时总是向体侧引拍，或不能及时跑到位，造成击球点超过身体，这样不仅不利于发力还会大大降低回球的准确性。因此，在初学反手时，一定要牢记反手击球的最佳位置，以便于提高击球的命中率和回球的质量。

纠正方法：

（1）单线练习时站在初学者的体侧，使其只要引拍至体侧就会碰到你的身体。

（2）站在练习者的身后，用手抓住他的手，一起做击球动作，让其被动地体会动作。

（3）学会盯球，提前移动，以保证及时移动到位。

（三）引拍过低（图 3-8-12）

反手击球时，引拍的正确位置应是身体中线偏左，但不超过身体，引拍的高低应根据来球的情况来决定，一般情况下上旋球因为以向前发力为主，应减少向下引拍,而同样的旋转情况下,来球越高,引拍的位置应该越高。初学反手时,许多初学者认为向下引拍幅度大,回球的力量也大,因此向下引拍的幅度较大。除非是回击较低的强烈下旋球,否则过多地向下引拍会妨碍向前发力,降低回球的质量,甚至造成回球失误或漏球。

纠正方法:

(1)在乒乓球的中间穿一根铁丝,仔细体会拍触球时的打摩动作,体会球拍运行的轨迹。

(2)站在练习者的身后,用手抓住运动员的手,一起做击球动作,让其被动地体会动作。

(四)手臂过直(图 3-8-13)

反手击球时,前臂与大臂应有一定的夹角,以便于完成拍触球时肘关节完成伸的动作,从而有效地增加回球的质量。初学反手时,许多初学者害怕球失误,引拍时屈肘不够,或迎球时肘部提前向前运动,从而造成拍触球时大臂与前臂夹角较小,造成手臂僵硬,向前发力的余地较小,不仅严重地影响了前臂力量的发挥,也影响了身体各关节力的有效传递,更不利于有效摩擦球。

纠正方法:

(1)在乒乓球的中间穿一根铁丝,仔细体会拍触球时的打摩动作,体会球拍运行的轨迹。

(2)站在练习者的身后,用手抓住运动员的手,一起做击球动作,让其被动地体会动作。

(五)抬肘(图 3-8-14)

反手击球时,引拍时屈肘,肘部略前顶,以便于充分发挥前臂、手腕、手指的力量。但过多地抬高肘部反而会影响这些关节伸肌群力量的发挥,影响挥拍轨迹的正确性。初学反手时,许多初学者往往过分地向后屈前臂,或移动不及时造成位置过于偏右,从而使肘部抬得过高,影响挥拍轨迹的正确运行,造成回球质量下降,甚至回球失误。这必须引起初学者和教练员的高度注意。

纠正方法:

(1)让练习者用手按住肘关节击球,以免其过度上翘。

(2)站在练习者的身后,用手抓住运动员的手,一起做击球动作,让其被动地体会动作。

图 3-8-11 体外击球

图 3-8-12 引拍过低

图 3-8-13 手臂过直

图 3-8-14 抬肘

（六）大臂夹得过紧（图 3-8-15）

虽然前臂、手腕、手指在任何正手技术中的作用都不容忽视，但大臂在运动中依然发挥着重要的作用（回击近网短球除外），而在挥拍击球时，大臂夹得过紧就会影响大臂的运动幅度，从而使大臂的力量发不出来，影响回球质量。因此，初学者在练习反手技术时，一定要放松大臂，用大臂带动前臂向前上方发力，并有效地使身体的力量通过大臂、前臂、手腕、手指最后作用在球上。

纠正方法：

（1）让初学者将非执拍手放在腋下击球。

（2）让练习者退到中远台击球，体会大臂发力的感觉。

（3）站在练习者的身后，用手抓住练习者的手，一起挥臂击球，让练习者被动地体会动作。

三、搓球技术

（一）大臂夹的过紧（图 3-8-16）

虽然前臂、手腕、手指在任何正手技术中的作用都不容忽视，但大臂在运动中依然发挥着重要的作用，而在挥拍击球时，大臂夹得过紧就会影响大臂的运动幅度，从而使大臂的力量发不出来，影响回球质量。因此，初学者在练习搓球技术时，一定要放松大臂，用大臂带动前臂向前上方发力，并有效地使身体的力量通过大臂、前臂、手腕、手指最后作用在球上。

纠正方法：

（1）让初学者将非执拍手放在腋下击球。

（2）站在练习者的身后，用手抓住练习者的手，一起挥臂击球，让练习者被动地体会动作。

图 3-8-15 反手大臂夹的过紧　　图 3-8-16 搓球大臂夹的过紧

（二）拍形不对（图 3-8-17）

摩擦球是提高搓球质量的关键，初学者常常因为拍触球时拍形角度不对，影响搓球的质量或造成失误。

（1）拍触球时，拍形角度过度后仰，拍触球的底部，如果摩擦球较好，常常因为没有给球向前的力量而使球的打出距离过短；如果没有摩擦球而是将球托起，就会使球出界或出高球。

（2）拍触球时，拍形角度后仰不够，拍触球的中部，常常因为摩擦球的时间较短而使球下网,或撞击球。

因此,初学者在练习搓球技术时,一定要根据来球的情况,调整拍形角度,在提高回球命中率的前提下,有效地提高回球的质量。

纠正方法:

(1)在乒乓球的中间穿一根铁丝,仔细体会拍触球时的打摩动作,直到能让带轴的乒乓球产生强烈的旋转,体会拍触球时的角度。

(2)站在练习者的身后,用手抓住练习者的手,一起挥臂击球,让练习者被动地体会动作。

四、削球技术

(一)引拍不够高(图 3-8-18)

目前由于乒乓球技术的发展,球的旋转比半个多世纪前削球风靡世界强烈得多。削球时必须依靠先压、后削、最后送来抵消对方的强烈旋转,引拍不够高则无法完成"压"的动作。因此,初学者在练习削球技术时,一定要注意引拍的高度,以保证回球的质量。

纠正方法:

(1)前臂上引,加大击球的距离。

(2)站在练习者的身后,用手抓住练习者的手,一起挥臂击球,让练习者被动地体会动作。

(二)拍形不对(图 3-8-19)

摩擦球是提高削球质量的关键,初学者常常因为拍触球时拍形角度不对,影响削球的质量或造成失误。

(1)拍触球时,拍形角度过度后仰,拍触球的底部,如果摩擦球较好,常常因为没有给球向前的力量使球打出的距离过短;如果没有摩擦球而是将球托起,就会使球出界或出高球。

(2)拍触球时,拍形角度后仰不够,拍触球的中部,常常因为摩擦球的时间较短而使球下网,或撞击球。

纠正方法:

(1)在乒乓球的中间穿一根铁丝,仔细体会拍触球时的打摩动作,直到能让带轴的乒乓球产生强烈的旋转,体会拍触球时的角度。

（2）站在练习者的身后，用手抓住练习者的手，一起挥臂击球，让练习者被动地体会动作。

图 3-8-17 拍形不对

图 3-8-18 拍形角度后仰不够　　　图 3-8-19 拍形后仰过大

（三）手臂发力多，腰、膝配合少

削球时，运动员必须抵消对方旋转，并主动进行旋转、落点等战术变化，这种看似被动的打法，实际上却蕴藏了杀机。削球技术动作结构要求更为严格，不能有半点含糊，不仅手上动作到位，而且腰、膝、重心移动等辅助力量也必须配合协调，才能保证回球达到战术的要求。因此，初学者在练习削球时，不仅要注意手上动作，而且要注意身体各部位的协调配合。

纠正方法：

适当减少手腕发力，保证相对稳定，加大腰、膝的力量。

五、发球技术

（一）常见错误

1. 抛球不直

抛球是发好球的第一步，从理论上讲，规则规定必须垂直地将球抛起，并不得使球产生旋转，抛球不直很容易违反规则。

2. 击球点离身体过远、过高

发球时击球点离身体过远易出现发不出力的现象，过高易出现发球较高的现象。

3.手指手腕不会发力

手指手腕的发力在发球技术中绝不能少，其带来的直接后果就是发球不转，而旋转是发球的根本，没有旋转的发球就像没有攻击力的正手技术，没有多少杀伤力。

4.身体配合不协调

人体在用力时，需要身体各关节的协调配合，不协调不仅对抗肌群不能及时放松，消耗一部分力，或是协同肌群没有发力，而使力量减少，还会因为不能把力全部送到末端关节，产生分力，而影响球的旋转。

5.成套动作之间旋转差异不大

乒乓球的发球必须成套，才能在比赛中给对手造成接发球的困难。而其中成套动作之间的旋转差异大，是基本的要求。

6.成套动作的动作相似性不强

隐蔽性和欺骗性是发球时给对方造成接发球心理恐惧的必需因素，如果动作的相似性不强，这些都无从谈起。

7.拍触球的部位不对

拍触球的部位正确，是保证发球旋转的基础，没有正确的拍触球部位，就不可能发质量高的发球。

8.不能与发球抢攻有机结合

发球抢攻可以有效地提升发球的威力。如果你能发出威力较大的发球，但不能有效地进行发球抢攻，那么对方因为不用担心第 3 板而不必控制球，只要将球接回即完成任务，因此起不到发球抢攻的作用。

(二)提高发球质量的方法

仔细阅读本书中你所选用的发球的动作要领及秘诀，以便从理论上较好地了解发球。

1. 学会手腕、手指发力

发球时需要充分地运用手指、手腕的力量。因此，在引拍时应尽量使其做好充分的准备，即依据拍触球时的需要，充分做好反方向运动。并在拍触球时，使用爆发力尽量加大手腕、手指的运动幅度和速度，以便有效地提高发球的质量。同时在平时的训练中既要加强发球技巧的训练，还要重视手腕、手指的力量训练。

2. 挥拍时注意提高加速度

在有限的距离上要想提高发出球的质量，就必须加快挥拍速度。

3. 注意击球点的位置

击球点的位置应靠近身体，以便有效地增加发球的旋转。此外，击球点不能高于球网，以便有效地提高发出球的质量。

4. 注意身体协调用力

身体协调用力是发球时能够充分发力的保证，除了身体协调用力可以有效地使用身体三关节的力量，将力集中在球上之外，还需要掌握通过身体重心的前移和下压，有效地控制球的方法。

5. 注意拍触球的动作

拍触球的动作非常关键，一定要把握拍触球的各项要点，以保证发球的旋转、相似性、突然性和隐蔽性。

6. 学习动作时应掌握技巧

一般来讲，学习的规律如下。

（1）先练质量，再练准确性。练习发球时应首先强调拍触球时的细节动作，强调用力的方法，最后再强调准确性，因为过早的重视球的命中率，会影响运动员全身的发力和动作体会。

（2）先练长球，再练短球。发长球的动作幅度大，容易发力，因此发球比较容易具有较强的旋转和较快的速度；但短球既需要发出的球有一定的旋转和速度，又需要控制球的落点，较难处理。因此对于初学者来讲，发长球更容易，待长球完全掌握之后,再练习发短球,相对比较容易。

(3)先练下旋,再练旋转变化

练习发下旋球,有助于更好地体会拍触球的动作细节,一种旋转的发球一旦完全掌握,也会对其他发球起到融会贯通的作用。同时,因为有强烈下旋球做后盾,建立动作相似的不转、侧旋等旋转才会产生良好的发球效果。

7.提高发球练习的质量

每天保证发球、发球抢攻的练习时间,采用多球进行练习。练习时应严格按照要求进行,以保证练习质量。

8.及时更换球拍覆盖物

球拍覆盖物的黏性是保证发球质量的物质基础,当胶皮覆盖物的黏性不够,摩擦系数减少时,应及时更换。

第九章 基本技术的实际效用

一、发球

(一)特点

发球是乒乓球比赛每个回合的开始,是乒乓球所有技术中唯一受对方限制、能充分展现自己特长、运用自己战术的技术,因此非常关键。但少年运动员却不应该过早地重视发球技术的训练,而应首先练好扎实基本功。

(二)作用

发球时可以根据自己和对方的技战术特点,尽量采用自己可以压倒对方的战术,以己之长克彼之短,达到下列目的。

(1)造成对方失误,自己直接得分。

(2)迫使对方回出质量较低的球,为自己的发球抢攻创造条件。

(3)有效地控制对方,限制对方特长技术的发挥。

(4)有效地发挥自己的特长技术。

(5)引起对方心理上的恐惧,提升自己的威力。

(三)有效使用发球的秘诀

1."精"是根本

运动员在最初练习发球时,应比较全面地掌握多种基本发球,以保证发球技术的全面性,以免造成过于单一的发球而不能应对局面的现象发生。但要想将所有的发球都练得质量高、技术精是很难的,而要将其与自己的技术、战术风格配套就更难了。因此,运动员必须在进入中级阶段后,根据自己的打法特点和技术、战术风格,选择与自己的打法配套的一两套发球进行精练。这些发球最好应在普通的套路上有所突破,形成自己的特色,以便于在比赛中增加对方适应发球的难度。

2.配套是关键

一名运动员的某个发球质量再高,特点再突出,与自己的技术、战术结合的再紧密,但是如果没有与之旋转相反、动作相似的发球做掩护,也会很快被对方运动员适应,而失去效果。因此,发球按照本书发球技术一节的分类进行旋转的配套,并在此基础上增加线路(斜线、直线、中路)、落点(长球、短球)等环节的配套使用。比赛中应通过观察和实验,及时了解对方接发球的情况,找到对方心理恐惧或技术本身的漏洞,评判的标准是接此类发球失误较多,或给自己第三板创造了较好的抢攻机会。此时应以这类发球为主,并配以与之配套的发球,以便于更好地扰乱对方的判断,进一步提升自己的发球威力。

3.变化是途径

发球时运动员应有效地把旋转、力量、落点、速度等作为一个独立因子,分别或组合起来进行变化,例如:将速度与落点结合起来的变化(急长球和轻短球的结合),旋转和落点相结合的正手发球组合(正手左侧上、下旋,正手逆上、下旋,正手急上旋、急下旋等及其各种落点的变化),只有有效地变化才能充分发挥发球的作用。有时在关键时刻或自己打不开局面时,往往一个细小的变化就会带来意想不到的效果。

(1)线路落点变化

发球线路和落点的变化主要基于对方站位、步法移动、抢拉抢攻的能力以及对方接发球时的主观意图。而本方的发球应尽量让对方运动员感到别扭,以充分发挥自己的特长。但一定要记住无论什么落点的发球,一成不变都会使应用效果很快失效,水平越高的运动员越是如此。

① 如果对方为右手执拍,站位靠近左半、侧身位抢攻较好、扑正手的移动较慢、正手位短球控制不好,自己连续发了几个反手位球都取得了效果,对方运动员的注意力完全在反手位,只要符合上述的一点或几点,可以采取发正手的线路落点的变化(图3-9-1)。

② 如果对方运动员已经感到你的下一板的发球是正手位短球,并有意识地将站位往正手位靠、重心前移,可以发反手长球,以打乱对方的战术,让对方从心里感到惧怕,从而提高自己的发球威力(图3-9-2)。

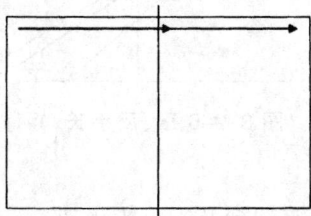

图 3-9-1 正手位长短球　　　　　图 3-9-2 反手长球

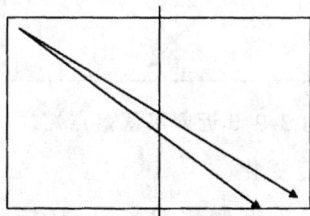

③ 如果对方与你的执拍手不同,可以考虑用侧上、下旋发到对方的正手位,最好能从边线进一步向侧拐,以增加对方接发球的难度(图3-9-3)。

④ 如果对方移动能力比较差,应尽量将落点发开(如果对方是横拍运动员,追身的落点效果也不错),迫使对方在移动中接发球,从而降低对方运动员控制球和接发球抢攻的能力(图3-9-4)。

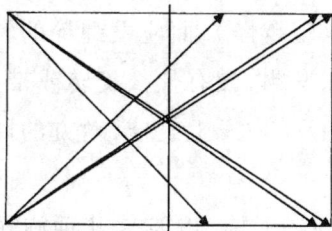

图 3-9-3 发侧上、下旋球　　　　　图 3-9-4 不同落点球

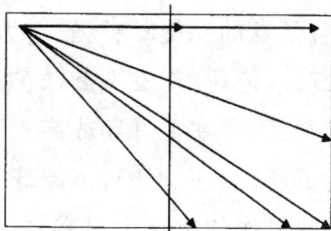

⑤ 如果对方控球的能力较差,抢攻能力较强,应以发弧线较低的近网短球为主,以迫使对方过渡一板,避免对方抢攻,目前高水平运动员对决时常常采用这样的战术。但是如果比赛中发球的落点没有变化,仅发短球,其效果就会大打折扣。一般至少在一局中应发 2 个长球,以起到干扰对方,打乱对方节

奏的作用(图 3-9-5)。

⑥ 如果对方正手位近网短球的挑打能力较差,可以以这个落点为主,但一定要配合正、反手长球使用;相反,如果对方反手位进攻(包括侧身进攻和反手进攻)能力较差,可以以发反手位长球为主,但也必须配合正手位短球和正手位长球使用,才能达到应有的效果(图 3-9-6)。

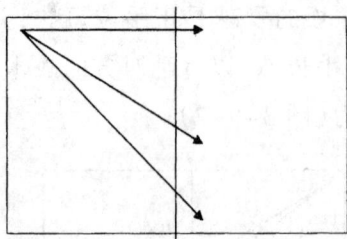

图 3-9-5 近网不同落点短球　　　　图 3-9-6 正、反手长、短球配合

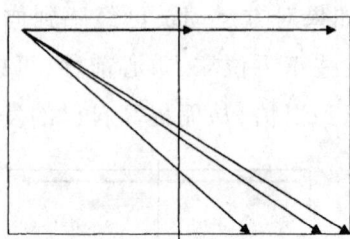

(2)旋转变化

在线路、落点变化的同时,还应强调旋转的变化。一般来讲,一个运动员在比赛中一套发球的不同旋转差异越大、动作越相似、与第三板抢攻的衔接越好,发球的威力也就越大。但必须要根据对方运动员的实际情况,合理地使用这些发球,才能使其威力发挥到极致。

如果对方用长胶或半长胶发球(业余选手常常在直拍的反面粘一块这样的胶皮,接不好发球时,往往奏效),一般不易吃发球,但其回接的旋转也是固定的,这时应避免发各种带侧旋的球(因为此时对方接过来的球比较怪,不易掌握,而且是发的球旋转越强,对方的回球也就越怪),而应发纯粹的转与不转球或急长球。记住,你发下旋球,对方的回球发飘,没有什么旋转或带上旋,此时你不能犹豫,要在上升期或高点期抢攻;相反,你发上旋球,对方的回球就带有一定的下旋,应该拉加转弧圈球。

乒乓球发球的旋转主要有左、右侧旋和上、下旋,以及这几种旋转的混合旋转。如果你不会发正手逆旋转球,在专业的比赛中,你发侧旋球主要是控制对方运动员回球落点范围(一般情况下正手发球对方回击后,回到侧身位的概率较大,因此如果你侧身抢攻能力较强,应重点将其练精。相反,一般情况下反手发球对方回到正手位的概率较大。如果你是两面攻选手或反手攻击也较强,甚至更强时,应重点将其练精),真正起作用的是上、下旋的变化,因此,必须要能发出动作相似的侧上、下旋,才能在比赛中起到发球的作用。但对业余选手的比赛,侧旋球本身有时更能让对方吃发球。逆旋转是一种较高级的发球技术,它是与正手动作相似的发球动作,发出与反手发球相同旋转的侧上、下旋球,它给正手发球带来了更多的变化。

如果你打上旋球能力比对方强,你的发球应以发各种上旋球、侧上旋球为主,但同时必须配合各种与之相配套的下旋球、侧下旋球,以进一步干扰对方接发球的判断,提高自己发球的威力。

如果对方正手挑打近网上旋球的能力较弱,应以发这个落点的各种上旋、侧上旋球为主,辅以这个落点的与之相配套的下旋、侧下旋球和反手的同样动作的长球,以打乱对方的阵脚。

如果对方反手接下旋球的能力较弱,且移动能力较差时,可以以发反手的各种下旋、侧下旋为主,辅以反手位的与之相配套的各种上旋、侧上旋和正手同样动作的短球、长球。

总之,发球应根据自己和对方运动员的实际情况,以某种发球为主,配合与之相配套的另一种旋转和相反落点的同一动作的不同旋转的发球。

（3）速度变化

发球时在线路、落点、旋转变化的基础上,如果再增加速度的变化,则可以使你的发球再上一个台阶。

这种变化包括:增加发球出手的速度,压低发球的弧线高度,让对方接发球时有被"顶"的感觉,可以降低对方运动员控制球的能力,减少对方运动员抢攻的机会,从而提高自己的发球威力。此外,发球时还应该注意发球节奏,更好地为自己的抢攻创造机会,或直接得分。

4.相似是干扰

成套的发球必须动作相似,才能达到诱导对方运动员作出错误的判断的目的,但这种动作相似仅仅是一套发球的伪装,它必须建立在较高质量发球的基础上。也就是说,发球的动作相似,如果发球的旋转变化不大,也仅仅是一个漂亮的外壳,很快就会失去效果。只有在相似的动作之下,能够完成两种或两种以上旋转差距的发球,而这些发球又有落点、线路、速度的变化时,才是最有效的发球,才能达到干扰对方接发球的判断,造成对方判断失误的目的。因此,运动员必须重视这些发球动作中假动作的练习,以使动作更加相似。

5.抢攻是目的

发球的最佳效果就是让对方接发球直接失误,但高水平运动员做到这一点并不容易,因此,为自己创造较好的发球抢攻机会是发球是否成功的又一判断标志。如果运动员只能发出高质量的发球,没有第三板的抢攻意识和能力,再好的发球一旦被对方破解也会失去效果。只有运动员的发球能够有效地与发球抢攻相结合,才是发球质量高的最高境界,因为只有发球后的抢攻好,对方接发球的质量就必须高,否则发球即使接过来也会被打死,这样就加大了对方接发球的难度,也增加了对方接发球的失误率。因此,运动员在平时练习时一定要很好地掌握发球后回球的规律,包括落点与旋转的变化规律,并很好地与抢攻相结合。

6.针对性是助力

自己某套发球质量的高低固然很重要,但质量高低是相对的,发球符合自己的技术风格、打法特点,能够限制对方特长技术的发球,才是在本场比赛中针对性强的发球,应首先选用。但当对方对此发球适应时,应及时根据场上的情况进行调整,重新选择针对性强的发球才能使优势扩大,并最终取得比赛的胜利。

7.合法是基础

运动员一定要时刻注意规则及合法发球的界定,并在平时的训练中严格按照规则的要求进行练习,绝不能存有侥幸心理,否则比赛中就有可能因为精练的发球不能使用,而损失惨重。

二、接发球

(一)特点

乒乓球比赛是从发球与接发球开始的,每局比赛中,运动员发球与接发球的机会基本相同。与发球相反,接发球在很大程度上受对方发球的限制,如果接发球技术不好,就有可能直接失分或对方占据主动,使自己的技战术特长无法发挥,从而在比赛中处于劣势;而如果接发球技术较好,就有可能变被动为主动,有利于取得比赛的最终胜利。目前规则的改变,在一定程度上限制了发球的威力,使得发球在比赛中的作用更加明显,因此,绝不能忽视。

(二)作用

接发球时可以根据自己和对方的技战术特点，尽量采用自己可以压倒对方的战术，以己之长克彼之短，达到下列目的。

(1)抢攻造成对方失误，自己直接得分。

(2)迫使对方回出质量较低的球，为自己的第4板抢攻创造条件。

(3)有效地控制对方，破坏对方的抢攻计划，限制对方特长技术的发挥。

(4)转变成有利于发挥自己特长的战术。

(5)引起对方心理上的恐惧，提高自己的信心，提升自己的威力。

(三)有效使用接发球的秘密

要想接好发球，不仅要较好地掌握各种基本技术、准确的判断能力和果断的作风，而且还要有良好的调节能力和手上的感觉，无论在比赛的哪个阶段，都应当贯彻积极上手、力争主动、讲究变化的指导思想。

1.站位合适是基础

接发球的站位应依据自己的打法特点和对方下一个球可能采取的发球方式而定。

如果自己以正手进攻为主，反手位也常常靠侧身抢攻，且步法移动的能力较强，接发球时站位可以偏向反手位。相反，如果自己正反手的实力较均衡，反手位的球多依靠反手进攻完成，站位应在球台的中间略偏向反手位。

如果对方的发球以短球为主，且发急长球的能力较弱时，可以略微向前站一些，以便于向近台移动。

如果对方以发长球为主(目前高水平的比赛很少如此)，而发短球的质量不高时，站位可以略向后一些，以方便进攻。

如果对方与本方运动员的执拍手不同，而对方又主要采用正手发球，应略向正手位站一点，因为发斜线球的角度要大于直线球，要对对方发斜线大角度的球有所防备。

2.判断正确是关键

由于发球是不受对方运动员限制的一击，发球常常有旋转、落点、线路、速度等的变化，而这些变化又隐藏在假动作之中，因此，准确判断并不是一件容易的事。但只有正确的判断才能保证正确的接发球方法。

(1)拍触球瞬间是判断对方运动员发球旋转、落点、线路的关键,运动员的发球水平越高,其假动作就做得越逼真。而不受对方发球时假动作的干扰,才能准确地判断对方的发球。

对方拍触球时拍面所朝的方向和挥臂方向决定着发球的线路。如果对方拍触球时向侧偏斜,且向侧方发力,一般来球为斜线路。如果对方拍触球时拍面方向朝前,且手臂由后向前发力,则发的是直线。

对方拍触球瞬间的部位、球拍的移动方向决定着球的旋转。一般情况下球拍的下部接触球,球拍从上往下移动为下旋球;球拍的上部接触球,球拍从下往上移动为上旋球;球拍的左侧部接触球,球拍从左向右移动为左旋球;球拍的右侧部接触球,球拍从左向右移动为右旋球;球拍的左下部接触球,球拍从右上向左下移动为左下旋球;球拍的左上部接触球,球拍从右下向左上移动为左上旋球;球拍的右下部接触球,球拍从左上向右下移动为右下旋球;球拍的右上部接触球,球拍从左下向右上移动为右上旋球。

对方发球时摆臂的大小和手臂的用力程度,决定着球的长短。一般情况下,对方发球时振臂幅度较大,用力较大为长球;反之为短球。

对方发球时手腕抖动用力的情况和摩擦球时间的长短,决定着球旋转的强弱。一般情况下,对方运动员拍触球瞬间手腕用力抖动、摩擦球的时间长,球的旋转较强。反之如果手腕运动幅度较小、摩擦球的时间短,球的旋转较弱。

(2)来球的弧线和运行同样也可以判断球的落点和旋转。根据对方来球的运行情况判断旋转。如果对方来球在空中飞行时的现象为前段快、后段下沉,该球为下旋球;如果对方来球在空中飞行时的现象为前段慢、后段快、落台后向前冲为上旋球;如果对方来球在空中飞行时的现象为向左偏拐,该球为左侧旋球;如果对方来球在空中飞行时的现象为向右偏拐,该球为右侧旋球。

根据对方来球的弧线判断球的长短。如果对方来球弧线的最高点在对方球台台面或靠近球网,该球为短球;如果对方来球弧线的最高点在本方球台台面,该球为长球。

根据对方来球第一落点判断球落点的长短,如果对方来球第一落点靠近球台端线,该球为长球;如果对方来球第一落点靠近球台球网,该球为短球。

(3)来球落台后反弹情况同样也可以判断球旋转。根据对方来球落台后的反弹情况判断旋转。如果对方落台后的反弹情况为向前走得慢,该球为下旋;如果对方来球落台后的反弹情况为向前走得快,该球为上旋;如果对方来球落台后的反弹情况为向右偏拐,该球为逆旋;如果对方来球落台后的反弹情况为向左偏拐,该球为顺旋。

如果对方来球在空中飞行时的现象为前段快、后段下沉,该球为下旋球;如果对方来球在空中飞行时的现象为前段慢、后段快、落台后向前冲为上旋球;如果对方来球在空中飞行时的现象为向左偏拐,该球为左侧旋;如果对方来球在空中飞行时现象为向右偏拐,该球为右侧旋球。

(4)对方击球的拍面性能决定着来球的旋转。在比赛开始时或对方运动员更换球拍时,本方运动员有权检查对方运动员将要使用的球拍,此时运动员应该准确地把握对方运动员球拍覆盖面的性质, 如果对方运动员的两面均为反胶,其发球的性质与上面讲述的相同,但如果对方运动员两面覆盖面的性质不同,应记清每一种性能覆盖面的颜色,当对方用长胶、生胶发球时应不要被对方所蒙蔽。

3.方法有效是途径

由于发球不受对方运动员的限制和干扰,具有球的旋转变化多、旋转强且为混合型、落点线路活、动作相似、干扰性强等特点,运动员还必须根据自己和对方运动员的打法类型、技战术特长等实际情况,本着积极上手、力争主动、讲究变化的原则,采取合适的接发球方法,因此,接发球是乒乓球比赛中最难的环节。

(1)接发球方法的运用

接发球的基本方法是搓、推、攻、点、拨、带、拉、摆短、晃、拧等。总之,各种基本技术在接发球时都可以使用,在使用中应根据自己的技术打法,打破一般接发球的规律,在变化、创新、力争主动的原则下去接对方发来的各种球。下面仅仅介绍一般接发球的原则。

① 用慢搓接发球

如果对方的发球质量较高(一般为长球),不能起板,且对方对强烈的下旋球的抢攻能力较差时,可以采用慢搓的方法接发球。

如果对方来球为较强烈地加转下旋球时,慢搓拍触球时应球拍稍后仰,向前下方发力,手腕和前臂有一个加速摩擦球的动作;相反,如果来球不转,可以将球拍稍垂直,用力向下切球,以控制回球的弧线高度。

如果对方运动员用正手发侧下旋球,首先应使拍面向对方正手偏斜,以防止球从对方反手一侧出界,并同时注意回接加转下旋球的要点。

如果对方运动员用正手发逆旋侧下旋球或用反手发侧下旋球,首先应使拍面向对方反手偏斜,以防止球从对方正手侧出界,并同时注意回接下旋球的要点。

需注意的是,慢搓控制短球较难。

接发球的变化:慢搓接发球时有较充裕的时间可以在拍触球时下功夫。

旋转的变化:如果拍触球时用球拍的下部摩擦球,并用前臂、手腕加速摩擦球,可以加强来球的旋转,使回球具有强烈的下旋;但如果拍触球时用球拍的上部摩擦球,并用前臂、手腕向前送球,使回球不转;由于用相似的动作接同样的发球,而在拍触球时进行了较微妙的变化,可以干扰对方,造成对方的判断失误。

线路的变化:运动员接发球时可以通过拍触球瞬间的手腕变化,突然改变回球的线路。例如:在搓斜线时,在拍触球的瞬间突然转腕,变换直线;或在搓直线时,突然扣腕变斜线。

② 用快搓接发球

如果对方的发球质量较高(一般为短球),不能起板,需要用快搓控制对方,并为自己的进攻创造机会。在接对方的各种发球时基本原理与慢搓相同,但必须要准确地判断对方运动员的发球落点,并且移动到位、出手果断,在上升期摩擦球,且击出的球弧线低。

接发球的变化:快搓接发球时突出的是快和突然,因此动作的隐蔽性是比较关键的,首先是要与准备上手进攻的动作结合,应让对方感觉你准备进攻,使其在准备防御的状态下失去进攻的机会;其次是拍触球时应能通过手腕的突然抖动,变化回球的线路。

③ 用反手技术接发球

如果对方发球到反手位,而自己又不能侧身时,或自己的反手与正手技术均衡,可以用各种反手技术回接。

如果对方来球为较强烈地加转下旋长球时，可用反手拉加转弧圈的技术回接，接发球时应根据对方发球的实际情况，决定发力方向和发力方法。当对方发球旋转较强时，一定要加强向上摩擦的力度，以抵消对方的旋转强度，避免下网；旋转较弱时，应增加向前摩擦的力度，以提高回球的质量。相反，如果来球不转，可以用抢攻、抢拉、加力推、弹、推侧旋等技术回接，并应尽量抓住机会，提高回球的质量。

如果对方来球带有上旋，可以用接不转的技术回接，但要注意拍触球时的拍面角度。一般来讲，对方发球的上旋强度越大，拍触球时拍面角度应前倾。并要注意多向前发力，以便压低回球弧线高度，防止球出界。

如果对方来球为急下旋球，可以用反手拉加转弧圈球的技术回接，但要掌握好击球的时间、拍形和用力方向。

如果对方运动员用正手发侧上、下旋球，首先应使拍面向对方正手偏斜，以防止球从对方反手一侧出界，同时采用不同的接上、下旋的技术回接，并注意接球时的要点。

如果对方运动员用正手发逆侧上、下旋球或用反手发侧上、下旋球，首先应使拍面向对方反手偏斜，以防止球从对方正手一侧出界，同时采用不同的接上、下旋球的技术回接，并注意接球时的要点。

接发球的变化：用反手技术接发球比用搓接发球主动。一定要体现快速、多变、回球质量高的特点。

线路的变化：在此方面变线和压大角战术是必须要很好地体现的（图3-9-7）。一般来讲，对方站在反手发球，正手的空档较大，变直线比较好，但在比赛中还要注意观察运动员下一板的企图，如果对方准备侧身，打对方正手大角度直线则是最有攻击力的一击。相反，对方准备扑正手，此时变线的

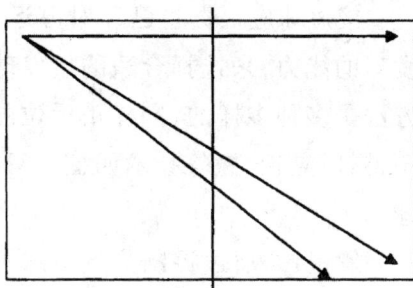

图3-9-7 变线和压大角

威胁就会大打折扣，而如果狠压对方反手大角度，战术效果则更好。

回球质量的保证：此种接发球的方法，在接发球时一定要果断，并努力在回球的速度、力量上下功夫，以增大回球的突然性，给对方运动员的回球造成

困难。

假动作的作用:增加球的隐蔽性,在拍触球的瞬间通过手腕的变化改变球的线路。

④ 正手技术接发球

如果对方发球到反手位,以正手进攻为主的运动员应尽量侧身用正手技术抢冲、抢拉、抢攻,有时对方发球也主动到正手位,特别是双方运动员执拍手不同时。

用正手技术接发球基本与用反手技术接发球相似,但一定要注意跑动到位,并及时还原。

⑤ 接短球

短球是一个统称。从落点角度看,有反手位、正手位、中路(图 3-9-8);从旋转角度分,有上旋、下旋、侧旋以及各种混合旋转。

目前在高水平运动员的对决中,运动员主动接发球的能力均很强,对于出台球、半出台球,无论来球的旋转、速度如何,一

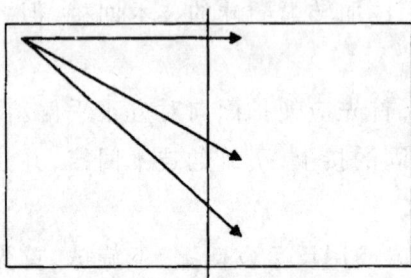

图 3-9-8 短球

般均能以较高质量的弧圈球进行接发球抢攻,因此,目前这类比赛中运动员一般以发各种短球为主,发球的第二跳不会从边线、端线飞出。因此,接短球的技术如何、能否占据主动,就显得非常关键了。

接短球应根据自己和对方运动员的打法特点、技战术要求,特别是自己接发球的能力,来选择合适的接发球的方法。一般来讲,高水平运动员接发球的方法是多种多样的,同样正手位的右侧下旋球,运动员可以摆短、劈长,也可以用挑打、晃接、撇等技术回接。只要有可能,应尽量用挑打、撇等主动技术接发球。

摆短:是通过控制落点使球不出台来限制对方的进攻,同时还要为自己的进攻创造机会。一般要求回球快、短、低、转,缺一不可。回球线路应根据对方的正反手回接短球、站位等实际情况加以选择,并应巧妙地与劈长相结合,以达到干扰对方的判断、破坏对方战术的目的(图 3-9-9)。

摆短时绝不能碰球,而必须依靠手腕、手指的力量和感觉,快速、干净地加

力摩擦球和控制球,使回球带有强烈的下旋。同时还要保持回球落点、线路和隐蔽性,在拍触球的瞬间依靠手腕、手指的灵活转动,回出不同落点的球,以加大对方回球的难度。

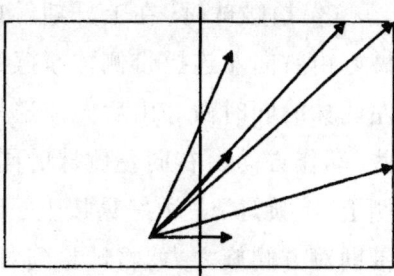

图 3-9-9 摆短接球

劈长:是与摆短相配合的回接短球的方法,一般情况下是将球回到对方运动员正手空档大角度或反手追身球,回球应角度大、线路长、速度快、弧线低、突然性好,并应与摆短巧妙地结合,以达到有效地限制对方进攻,为自己的进攻创造机会。其在旋转、线路落点、隐蔽性上的要求,基本与摆短相似。劈长后应做好接对方弧圈球的准备,并寻找机会自己进攻。

挑打、拧挑:是回接正手位不转短球、一般旋转下旋短球、弧线较高的短球的方法。它具有动作幅度小、速度快、落点变化多、突然性强的特点。速度快、突然性强是挑打成功的关键,因此,运动员上手时一定要果断,绝不能犹豫和手软,任何不必要的动作都会影响其突然性,从而降低回球的质量。落点、线路要讲究变化,因为挑打的力量不是很强,落点和线路出乎对方的预料或打到对方运动员的死穴就显得至关重要。而迷惑对方、造成对方判断失误的假动作也应受到格外的重视,即在拍触球时通过手腕的变化,灵活地改变击球的线路。

晃接:是主动接发球的一种方式(也可以用于相持中),在反手位侧身正手或正手位用带假动作的搓接对方发来的近网短球中的一种接发球的方法,一般将球接到对方的反手底线。晃搓常常通过身体由右向左的晃动,干扰对方,造成对方判断失误,而失去侧身进攻的机会;晃接可以通过侧身做好两手准备,出台球、半出台球可以抢攻,短球可以周旋,并通过侧抹的动作,使球变成以侧旋为主的回球,从而加大回球的角度,并使球在落台反弹后向外拐,有效地限制对方的抢攻,为自己的进攻创造较好的机会。

晃搓的动作要领:(图 3-9-10)。

① 侧身让出正手位。

② 球拍呈半横状,稍垂直。

图 3-9-10 晃搓

③ 拍触球时,在上升期触球的中部,身体由右向左晃动,带动手腕外撇,做好由右向左连搓带侧抹摩擦的动作。如果来球为不转球,球拍方向在由右向左侧抹的同时做好由后向前送的动作;如果对方来球为下旋球,球拍应后仰一些,动作方向由右向左侧抹的同时做好向左前下方搓的动作;如果对方来球为侧上、下旋球,在做好晃接上、下旋动作时,还应避开对方来球的侧旋区域,并借助对方侧旋之力,将球打到对方的反手大角度。

晃搓本身的旋转、力量并不强,而是借力打力、借转打转,其特点是出其不意,如果每个反手位的短球都采取这样的办法就会失去意义。因此,晃搓必须与摆短、劈长、侧身攻(拉)、侧身晃拉有机地结合,才能更好地发挥作用。此外,应使晃搓的准备动作与侧身抢攻、摆短、劈长的动作相似,唯一的区别是在拍触球时,只有这样,才能更好地使晃搓具有欺骗性。

晃拉:是主动接发球的一种方式(也可用于相持中),在反手位侧身用正手假动作的拉接对方发来的出台球的一种接发球的方法。晃拉常常通过身体由右向左的晃动,干扰对方,造成对方判断失误,提高回球的威力;晃拉可以通过侧身做好两手准备,出台球、半出台球可以抢攻,短球可以周旋,并通过侧抹的动作,使球产生左右侧旋,从而加大回球的角度,并使球在落台反弹时向侧拐,有效地提高了拉球的质量。

晃拉的动作要领:(图 3-9-11,图 3-9-12)。

图 3-9-11 晃拉斜线　　　　　　　图 3-9-12 晃拉直线

① 侧身让出正手位。

② 准备及迎球动作基本上与侧身抢拉相同,不同点是在拍触球时通过手

腕的灵活动作变化回球的线路。打直线时,手腕屈、内收,使球产生右侧旋,腰部在向前运动的同时突然向左转动,给人晃动的感觉。拉斜线手腕伸、外展,由右向左摩擦球,同时身体由右向左晃动。

（2）线路落点变化

接发球线路和落点的变化,主要基于对方的站位、步法移动、抢位抢攻的能力以及自己的技术战术特点来确定。

① 逢斜变直

如果对方发反手大角度球后,准备侧身抢攻,最好将球回到对方的正手大角度,以打乱对方的部署。但应该注意的是,此时的变化应注意隐蔽性和突然性,以提高回球的质量(图 3-9-13)。

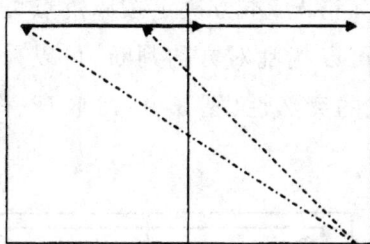

图 3-9-13 逢斜变直

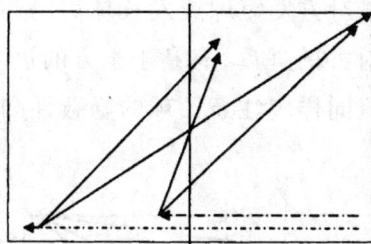

图 3-9-14 逢直变斜

② 逢直变斜

如果对方发直线球,可打对方的斜线大角度,迫使对方移动中回球,从而降低对方回球的质量。同样应该注意回球的隐蔽性和变化的突然性(图 3-9-14)。

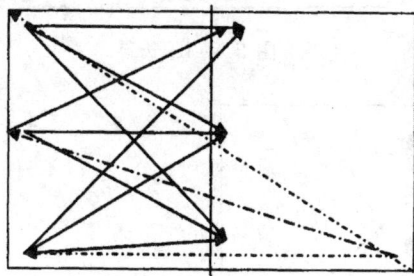

图 3-9-15 同线路回球

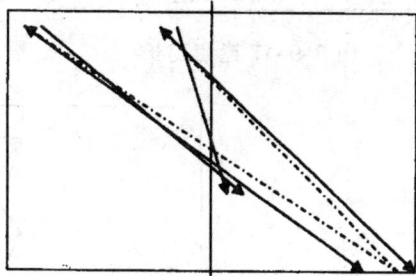

图 3-9-16 逢长变短

③ 同线路回球

如果对方发直斜线后,根据实际情况,决定按原线路回球,可以有效地抑制对方的进攻,有利于本方的进攻或可以扰乱对方的判断,可以采用此法回接,但同样应注意回球的隐蔽性和变化的突然性(图3-9-15)。

④ 逢长变短

如果对方运动员发长球后,准备抢攻,而自己又没有上手抢攻的机会时,可以回接对方短球,但这项技术较难,回接不好就会出现机会球。因此,一定要注意消减对方发球的前冲力,并有效地控制自己的回球弧线(图3-9-16)。

⑤ 逢短变长

如果对方运动员发短球后,有上台抢攻的意图,或自己接连接了几个短球,可以采用不同的控制技术回长球,或主动挑打等抢攻技术回出长球。同样要注意回球的隐蔽性和突然性(图3-9-17)。

⑥ 同点回接

如果对方发短球或发长球后,根据实际情况,本方决定按原落点可以有效地抑制对方的进攻,有利于本方的进攻或可以扰乱对方的判断,可以采用此法回接。但同样应注意回球的隐蔽性和变化的突然性(图3-9-18长球,图3-9-19短球)。

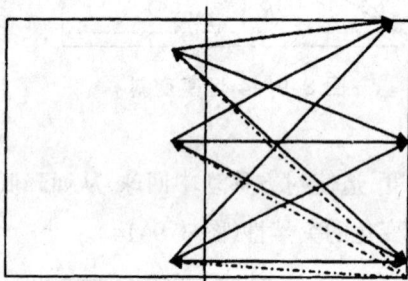

图3-9-17 逢短变长

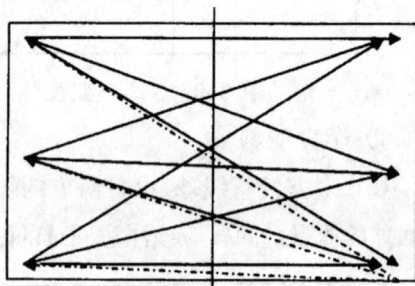

图3-9-18 长球

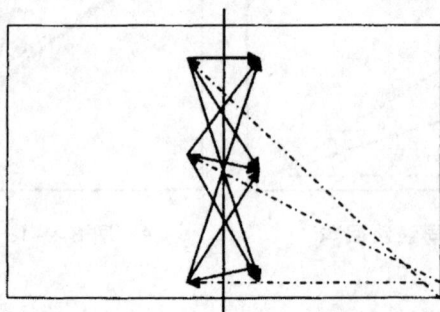

图3-9-19 短球

4.相似是干扰

任何一种接发球的技术,都要在接发球拍触球的瞬间,通过手腕的动作突然变化球的落点、线路,才能达到干扰对方判断,造成对方失误的目的。因此,运动员必须要重视接发球动作中假动作的练习,以使动作更加相似。

5.抢攻是目的

接发球的最佳效果是让对方直接失误,但高水平运动员做到这一点并不容易,因此,为自己创造较好发第四板抢攻机会是接发球是否成功的又一判断标志。运动员在平时练习时一定要很好地掌握接发球后回球的规律,包括落点、旋转的变化规律,并很好地与第四板抢攻相结合。

6.针对性是助力

自己接发球质量的高低固然很重要,但质量高低是相对的,接发球符合自己的技术风格、打法特点、能够限制对方特长技术的发挥,才是在本场比赛中针对性强的接发球技术,应首先选用;而当对方对此接发球技术适应时,应及时根据场上情况进行调整,重新选择针对性强的接发球技术才能使优势扩大,并最终取得比赛的胜利。

三、正手技术及反手技术

(一)特点

正手技术与反手技术是横拍运动员的重要技术,攻球技术与不同的技术结合就形成了不同的打法类型。如正反手攻球相结合的打法,我们称其为两面攻打法;快攻为主结合弧圈的打法,我们称其为快攻结合弧圈;弧圈为主结合快攻的打法,我们称其为弧圈结合快攻。总之,攻球是各种类型打法不可或缺的技术。

(二)作用

正手和反手技术以速度和力量为主,结合落点变化,是主动进攻的两项技术,可以在比赛的任何时候,根据对方和自己技战术的实际情况以及来球的不同性能,把各种技术合理、灵活地应用,达到下列目的。

(1)造成对方失误,自己直接得分。

(2)迫使对方回出质量较低的球,伺机得分。

(3)有效地控制对方,破坏对方的计划,限制对方技术特长的发挥。

（4）转变成有利于发挥自己特长的战术。

（5）引起对方心理上的恐惧，提高自己的信心，提升自己的威力。

（三）有效使用正手技术和反手技术的秘诀

1.正手、反手快点

现代比赛中，对方常常会回出近网、弧线低并带有一定旋转的球，用以控制我方。此时，我方可以运用正反手快点技术，主动出击，以便争取主动。但在运用快点技术时，一定要出手果断，并巧妙地利用拍触球时手腕的突然变化和不同的摩擦球的动作，使球产生落点、线路、旋转的变化，从而直接得分或为自己的进攻创造机会。

2.正手、反手快带

现代比赛中，对方常常会拉出旋转较强的弧圈球，如果我方不能主动发力还击，可以运用快带技术，借对方来球的前进力，回出速度快、弧线低、变化多的球，有效地控制对方，使对方运动员在较快的节奏、较大的落点线路变化中，回出质量低的球，使我方能够变被动为主动，并与其他攻球技术相结合，从而取得本回合的胜利。

3.正手、反手快攻

正手、反手快攻是快攻型运动员的主要得分手段，速度快、动作小，通过缩短对方准备击球的时间，有效地限制对方回球的质量。相反，我方运动员却还原较快，可以连续进攻，从而常常处于领先地位。特别是女运动员，常常能够达到以快制转、以快制狠、以快制慢的目的。

4.正手和反手中台攻、拉、冲

比赛中，有些运动员只有在中台才能充分展示自己的实力，这类运动员身高较高、力量较大、主动进攻的能力较强，他们在中台利用自己的优势，主动发力，回出旋转、力量较强的球，如果再结合落点线路的变化，常常可以占据主动。此外，有时运动员在被动时往往退台回接，但此时绝不能被动地还击，而一定要通过加转弧圈球的旋转牵制对方进攻的质量，伺机变被动为主动。

5.扣杀技术和发力冲

比赛中，运动员无论采取什么技术迫使对方回出质量较低的球，都应当绝不给对方运动员喘息的机会，要采用扣杀技术或发力冲，杀死对方。

6.放高球技术和杀高球

比赛中,当自己陷入被动时,为了争取变被动为主动,可以暂时用放高球的技术过渡,但球一定要放到对方球台的端线附近,且一定要高过对方运动员的头,从而限制对方的攻势,伺机反攻。相反,当对方被动后放出高球时,我方运动员一定要稳住阵脚,切不可盲目乱打,遗失战机。

7.拉加转弧圈球和前冲弧圈球

利用自己发球的旋转、落点、速度的变化,迫使对方回出质量较差的球,我方运动员抢冲。

当对方运动员发球出台或半出台时,我方运动员可以根据对方运动员和本方运动员的实际情况,拉加转或前冲弧圈球。一般情况下,对方发球下旋(包括侧下旋)较强时用加转弧圈球回接,其他球均可以用前冲弧圈球回接。

相持中,当对方用搓回接,球出台或半出台,下旋较强时,可以拉加转弧圈球,其他球可以拉前冲弧圈球;如果对方以控制落点为主,我方可以采取速度、落点、线路、节奏、力量、旋转变化,迫使对方回出质量较差的球,伺机抢拉、抢冲;如果对方进攻,我方陷入被动,可以退台用拉加转弧圈球的强烈旋转,限制对方运动员的攻势,伺机反攻。

8.反撕

用于对付对方挑过来的上旋球或其他技术回击,但旋转不是很强的上旋球,具有击球时间早、动作小、出球快、突然性强等特点。

9. 侧身攻

反手攻、拉、冲,虽然攻击力不错,但由于身体的限制,与正手进攻的杀伤力相比,还有一定的差距。现代乒乓球技术的发展方向就是更加凶狠,因此,运动员(尤其是进攻型运动员)在比赛中都想方设法地发挥正手杀伤力的优势,当对方运动员将球打到反手位时都尽量侧身抢攻,目前大多数世界一流选手的侧身进攻技术都是非常出色的。

四、搓球

(一)特点

搓球是近台还击下旋球的一种基本技术。由于回球线路较短,旋转、落点变化多,是比赛中常用的过渡技术。

(二)作用

过渡技术,巧妙运用可为进攻创造机会。

(三)有效使用搓球技术的秘诀

1.对搓时常出现的情况

(1)我方运动员搓加转球,对方运动员搓不转球或搓球旋转小于本方,则对方运动员回过来的球为上旋球。

(2)我方运动员搓不转球,对方运动员搓加转球,则对方运动员回过来的球为下旋球。

(3)双方运动员搓球的旋转基本相同,来球发飘,基本不转。

2.搓球必须与抢攻、抢位、抢拉结合

(1)如果对方运动员台内的下旋球处理不好,或对出台球、半出台球抢冲、抢拉、抢攻得很凶,可以采取台内下旋球控制对方,伺机抢攻的战术。

(2)如果对方运动员回击上旋球的能力强,我方运动员可以采用各种搓球控制对方,伺机进攻。

(3)如果我方运动员善于搓球突击,搓中抢拉、抢冲,可以运用高质量的搓球,迫使对方运动员用搓球回接,然后抢先上手。

在运用上述战术时,必须牢记搓球技术本身威胁性并不强,它只是一种过渡技术,必须与抢攻、抢拉、抢冲技术相结合才能发挥效果,因此,决不能一搓到底。

在没有机会的情况下,一定要将搓加转球与搓不转球、摆短与劈长、滑板等技术有效地结合,并在动作的外形上基本相同,才能造成对方判断失误,从而为进攻创造机会。

五、削球

(一)特点

削球是削球打法或削攻型打法的主要技术。它具有稳健性和积极性的特点。

稳健性是指,这技术一般在下降后期击球,运动员不仅有较充分的准备时间,而且此时来球的速度、力量、旋转均有所减弱。此外,进攻型运动员在与削球运动员对垒时,久攻不下,往往产生急躁情绪。

积极性是指,看似被动的削球技术,在拍触球的瞬间往往蕴藏着变化和杀机,运动员运用旋转变化(动作相似的加转与不转削球)和落点变化(左、右、长、短相结合的落点),常常造成对方运动员判断失误而直接失分或回出质量较差的球。目前稳削打法的运动员很难在高水平的比拼中获胜,运动员必须积极主动的利用旋转、落点的变化,创造机会,并抓住时机积极反攻,才能获得比赛的胜利。

(二)作用

削球打法的主体技术,巧妙运用可为进攻创造机会或造成对方直接失误。

(三)有效使用削球技术的秘诀

1.用相似的手法削转与不转结合反攻

(1)对方攻势猛烈时,应在控制的基础上,加强旋转的变化,在削出差别大的转与不转球的基础上,注意动作的相似性、隐蔽性以及回球落点的变化,从而增加对方攻击的难度,加大对方回球的失误率,减小对方的攻击力,使对方在心理上先输掉比赛。

(2)当对方集中注意在来球旋转变化而改用稳拉、轻拉、慢拉时,应控制住对方,不给其创造抢攻、抢冲的机会并抓住一切机会进行反攻,以打乱对方运动员的阵脚,最终赢得比赛的胜利。

2.用隐蔽的手法逼角结合反攻

削球运动员可靠近球台,用正、反手近削逼对方两角。由于逼角的削球回球快、弧线低、角度大,迫使对方向左右大角移动,并不易发力抢冲、抢攻,从而使回球的质量下降,而本方运动员此时应抓住有利时机,积极反攻。

3.削球必须有效地与进攻相结合

(1)削球选手在比赛中应有效地增加正手、反手的进攻比率,即使在关键时刻也不能手软。

(2)比赛中,运用多变的削球创造机会,利用有效的反攻得分。

(3)被动中,有时大胆的进攻也可以产生意想不到的效果。

(4)反攻时应注意:削球的击球时间一般为下降期,而反攻时间为高点期,因此,运动员在反攻时,身体重心要迅速转移,及时向前移动;手臂要积极地向前迎球,以向前发力为主。此外,还应增大大臂的运行轨迹,注意全身的协调配合。

第十章 基本技术的训练

一、发球

（一）初学阶段

发球在乒乓球比赛中固然很重要，必须很好地掌握，但对于初学者来讲，特别是少年运动员，此阶段训练的主要目的是练好基本功，必须按照循序渐进、科学系统的原则，由浅入深、由易到难，有计划地进行训练，切不可为了一时的利益而拔苗助长。

1.训练方法

（1）讲解示范

根据直观的训练教学原则，让运动员的每个感觉器官都能同时感受正确的动作原理。对于模仿能力强的少年运动员，直观教学更为重要。

（2）多球训练

初学者，往往动作僵硬、不协调、发球的失误率较高，为了能让运动员减少捡球时间，更快、更好地掌握平击发球的动作要领，可以用多球进行训练。

（3）单球练习或多球单练

在刚刚上台熟悉球性或开始练习推挡、快攻等单项技术时，往往需要技术较高的人进行陪练，此时，可以每个球都由初学者发平击球开始，以更快地掌握技术。

在学习搓球、拉球时，可以每个球都由初学者发下旋球开始，以更快地掌握发球技术。

2.练习的要求

（1）开始时可以只要求命中对方台面即可，对于发球的落点、速度等可不做过多要求。但良好的发球习惯从一开始就需养成，也就是说发球的动作必须符合规则的要求，否则坏习惯一旦养成，参加比赛时就很难发出符合要求的高质量的球。

（2）根据运动员对发球的掌握情况，可循序渐进地增加对运动员发球的要求，按照下列步骤进行：

路线正确⇒落点准确⇒高质量命中球台的某个区域。

（二）中级阶段

大约从事 3 年乒乓球训练的少年运动员及经常进行乒乓球活动的业余爱好者。此时，基本功已比较扎实，需要在比赛中进一步磨炼自己的技术战术及心理品质，应进一步掌握发球技术。

1.训练内容

结合自身的打法特点、技战术风格，确定两套左右的发球作为自己的"精"练发球，切忌什么球都会发，但什么球都发不好。

2.训练方法

（1）非球台练习。无需乒乓球球台，可以在床上、书桌上或其他场所进行发球练习，这对学习或提高某一发球的抛球与挥拍的配合，拍触球时的动作细节，摩擦球的手上感觉等很有效，但很难练习发球落点的控制。

（2）同样可以采取多球练习、单球练习、多球单练的形式进行，必要时可以通过比赛检验效果。

3.练习的要求

（1）所选择的"精"练发球，一定要符合自己的技术风格和打法特点，否则再好的发球只要被对方破解，就会失去主动。而没有良好的技术作保证，对方运动员接发球的质量就可以不用考虑，其接发球的心理压力就会下降，从而使自己发球的威力下降。

（2）练习时，可以先把成套发球中的一种发球练好，练好的标志是旋转强、落点随心所欲、隐蔽性好、突然性强、能够与自己的技战术很好地配合。在此基础之上再练习与之相配套的另一种或几种发球。例如：正手转与不转发球，正手侧上、侧下旋发球等等。

（3）成套的发球一定要做到动作相似，旋转差异较大（其中为主的发球更要练好）才能有效。因为，成套发球之间的旋转差异是相对的，例如：正手转与不转发球，下旋发球的旋转越强，不转发球与下旋球的动作越相似，发不转球时对方才会判断失误，才能给自己抢攻创造机会（请参考本书发球的秘诀）。而所谓的其中为主的发球也是相对的，例如：与对方运动员相比，我方打下旋球的能力较强，本场比赛就应以发下旋球为主，反之就应以发不转球为主。但无论以发什么样旋转的球为主，都必须有与之相配套的发球作掩护，否则再好的发球都不可能长时间产生效果。

（4）在进行发球练习时，可以将球台划成9等份（图3-10-1），依次将球发到1、2、3、7、8、9的区域内，也可以在要打的区域内放上纸，以准确的计算运动员打到此区域中的球数。还可以在要打到的位置上放置乒乓球，击中乒乓球为5分，打到区域但没打到球为4分，计算运动员的得分。线路练习（图3-10-2）及落点练习时应注意运用隐蔽动作和相似的手法，以提高实用效果（参见本书发球动作及秘诀）。

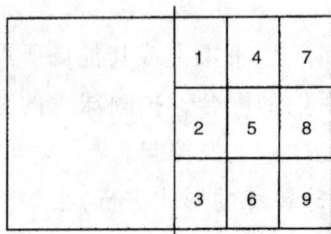

图3-10-1 球台划分　　　图3-10-2 发球线路和落点练习

（5）发球效果的检验。练习时可将运动员按技术水平分为小组，轮流发球、接发球，记录每位运动员发球的直接得分率和发抢得分率，并进行排名。比赛中根据三段统计法，评价发抢段的得分率和使用率的水平。

（6）发球练习需要强调质量意识，中级水平的运动员不像高水平运动员那样有较强的责任感，而且年龄尚小，多数运动员都是当一天和尚撞一天钟，练习时不动脑子，而发球训练，特别是用多球练发球时，如果没有接发球员的刺激，运动员就会不追求发球质量，而是进行低水平的发球重复，这样的练习非常浪费时间，也不会练出高质量的发球。因此，一定要运动员养成良好的发球意识，并在训练中注意提出每个练习的具体要求，并督促检查。

（7）发球时手腕的动作很关键，要想发出高质量的球，就必须注意每种发球拍触球时的具体细节（参见本书发球动作要领及秘诀），并努力做好。否则，无论哪个技术细节没有做到位，都会使发球的质量大打折扣。

（8）对于少年运动员，良好的发球习惯必须从一开始就养成，也就是说发球的动作必须符合规则的要求，否则坏习惯一旦养成，参加比赛时就很难发出符合要求的高质量的球。但业余选手只要能把球抛起,不发合力球,一般的比赛,裁判员对此都不会管得过紧。

（9）接发球练习与发球练习是相辅相成的,如果运动员在练习发球时,能有一个高水平的运动员进行接发球,并不断地指出运动员在发球上的毛病,不仅可以尽快地让运动员提高发球的质量,而且还由于接发球的运动员吃发球较少,而使发球者较好地体会发球后回球的规律,有助于练好发球抢攻。进行这种练习时,最好的练习方法是多球单练。

（三）高级阶段

高水平运动员以及长年通过乒乓球进行健身的业余选手,都有较强烈的训练意识,尤其是高水平运动员,他们非常清楚,要想在国内外乒坛上占据一席之地,没有高质量的发球和发球抢攻是不可能的,而发球技术不经过日积月累地训练,要在高水平运动员之间的对决中得分,或造成对方判断失误,为自己的发球抢攻创造机会,也是不可能的。

1.训练内容

结合自身的打法特点、技战术风格,确定两套左右的发球作为自己的"精"练发球,而且这些发球必须有自己的独到之处、过人之处,切忌什么球都会发,但什么球都发不好。

2.训练方法

同样可以采取多球练习、单球练习、多球单练的形式进行,最主要的是在比赛中大胆运用,检验效果。

3.练习的要求

（1）围绕打法特点、技术风格,选择的"精"练发球一定要有独到之处、过人之处,因此,应鼓励运动员进行创新,只有创新才能有发展,只有创新才能有提高,学习他人是必要的,但没有创新就永远不可能走在前面。

（2）一定要树立没有高质量发球、发球抢攻技术,就不能攀登世界高峰的意识,鼓励运动员注意自己的练习质量,虽然高水平运动员训练都很自觉,都有很强的责任心和攀登世界高峰的雄心和气魄,但长时间的训练也会使他们感觉到疲惫或力不从心,因此目前许多教练员都改变训练方法,在每节训练开始时安排需要注意力集中、消耗较大精神的战术训练,随后再安排需要较大体力的技术训练和步法训练。

（3）每天应保证 30 分钟左右的发球练习（多球），1 小时左右的发球抢攻练习，并且在练习时认真按照教练员的部署和要求训练，注意练习的高质量。优秀运动员可以根据自己的对手的实际情况，细化练习内容和要求（对自己每个发球的速度、旋转、落点，配套发球之间的相似程度、隐蔽性、突然性、旋转差异等都提出具体的要求），通过调节练习难度，更好地达到练习目的。

（4）对于每天的发球、发球抢攻练习不仅有时间、数量、质量的定性要求，最好也有定量要求，而这些定量要求应该符合运动员的实际情况，并随着运动员水平的提高而不断地变化其难度。对于那些需要双方运动员配合或共同完成的量化指标，还要考虑对方运动员的实际情况和双方运动员的实力差异。例如：20 个发球，发到 1、3、7、9 四个区域（图 3-10-3）中每个区域 4 个球，发到 1、3 区域的要求是离球网不超过 30 厘米，且第二跳弹起后不能从边线、端线出台，发到 7、9 区域的要求是必须离端线不超过 15 厘米，必须从边线出台，且失误率不能大于 2 个。如果有接发球的运动员，则发球造成接发球者判断失误的比率不能小于 50%，直接失误率不能小于 20%，被对方接发球抢攻的比率不能大于 20% 等等，并对每 20 个发球进行详细的记录和评价。如果练习发球抢攻，还要统计发球抢攻的得分率和使用率，对方接发球抢攻的使用率和得分率，相持阶段的使用率和得分率等等，并进行详细记录。一般来讲比赛中自己发球这一轮打成 2:0 最好，打成 1:1 勉强可以，因此，对于高水平运动员的发球抢攻练习，如果自己发球的统计得分率小于 50%，就应当受到惩罚。当然固定落点或固定旋转的发球抢攻练习得分率的标准应适当降低。如果有条件可以请科研人员进行统计、计算，并及时写出科研报告。

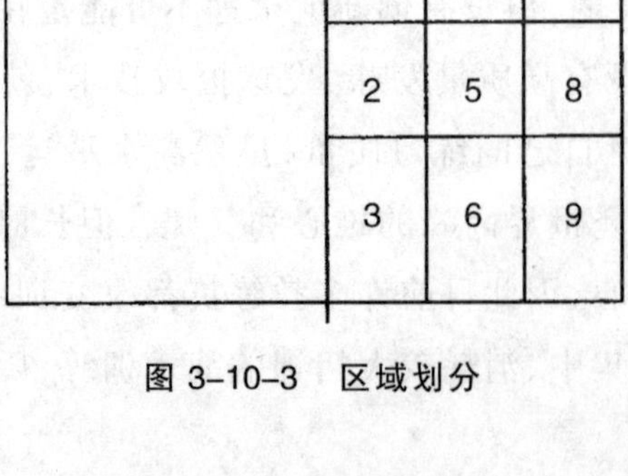

1	4	7
2	5	8
3	6	9

图 3-10-3　区域划分

（5）比赛中，特别是正式比赛，尤其是关键场次、关键球，运动员一定要选择比较稳定的发球，以求稳妥，但教练员应该鼓励运动员，让运动员养成发那些质量高，但有一定失误率的特色发球、出人预料的发球，因为过硬的技术，被称为某个运动员"绝招"的技术，必须经过比赛的磨炼，在比赛中不敢应用，不能融入自己打法的技术，不是自己的技术。

（6）对于优秀运动员来说，良好的发球习惯非常关键。良好的发球习惯是指发球的动作必须符合规则的要求，目前在国内外重大比赛中，裁判员对发球的判罚非常严格，即使是在关键时刻也绝不手软，特别是欧美国家的裁判员。因此，运动员一定要养成良好的发球习惯，绝不能存侥幸心理，比赛中发球一旦被判罚，临时改变平时养成的发球习惯，再想发出高质量的发球就不是一件容易的事。但业余选手只要能把球抛起，不发合力球，一般比赛，裁判员对此都不会管得过严、过紧。

（7）接发球练习与发球练习是相辅相成的，互相制约的，因此在平时的训练中，教练员可以制订发球练习者、接发球练习者共同遵守的定量标准，以便提高双方运动员的练习质量，更快的提高运动员的技战术水平。例如：练习发近网上旋短球，要求发球的运动员必须将球发在图 3-10-3 的 1 号区域，球的落点不能离开网 30 厘米以上，第二跳弹起后不能从边线、端线飞出，球反弹后的高度不能比球网高，接发球运动员用挑回接，对方挑打的下网率应在 50% 以上；相反，对于接发球方的要求是每个球都必须挑打，应有 50% 以上的球挑打成功，并且落点较好，而挑打直接下网率不能超过 30%。这样的制约标准，形成了双方运动员之间的竞赛，有助于提高双方练习的积极性和质量。但教练员必须做好监督检查，并惩罚分明，否则将对运动员失去制约力。

二、接发球

接发球水平的高低，取决于运动员对发球判断的正确程度，取决于各种基本技术的掌握程度和运用能力。它不仅要求运动员在比赛中头脑冷静，观察仔细，准确判断发球运动员在假动作掩护下、隐蔽性强、突然性好、落点别扭、速度快、旋转强的发球，还要求运动员能够根据自己及对方运动员的实际情况，正确地选择发球技术，以保证自己占据主动。因此，接发球技术难度最大，需要长时间地、针对性地进行训练。常用的接发球训练方法如下：

（一）用固定的方法回接对方发来的单一旋转球

1.受训对象

接旋转发球的失误率较高或给对方发球抢攻创造较多机会的运动员。

2.训练方法

（1）讲解示范

讲解和示范该种发球的性质、特点、判断规律，及回接方法的性质、特点、动作要领等等，让运动员的每个感觉器官都能同时感受正确的动作原理。对于模仿能力强的少年运动员更为重要。

（2）多球、多球单练、比赛

让运动员根据自己接发球技术的掌握情况、打法特点等，选择科学、合理的接发球方法，并按照由易到难的原则，逐个进行训练，直到完全掌握。

例如：某个运动员比赛中正手接下短球的失误率较高，给对方创造发球抢攻的机会较多。此时，应对该运动员接正手下旋球进行专门训练。一般接该种球的方法主要有搓、摆短、劈长、撇、晃搓、挑打等主动技术；如果自己的技术水平较低，仅为初学者，首先应学习用搓接此类发球。但无论什么水平的运动员，仅仅学会用一种方法接固定旋转的发球也是不够的。

教练员可以按照下面的步骤逐步掌握搓接该种发球的方法。

① 接发球的方法（图 3-10-4）

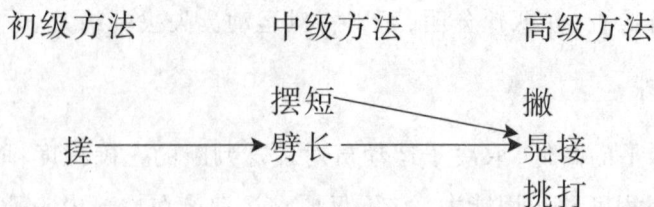

初级方法　　　　中级方法　　　　高级方法

摆短　　　　　　撇

搓　　→　　劈长　　→　　晃接

　　　　　　　　　　挑打

图 3-10-4 不同阶段的接发球方法

② 落点训练的不同阶段（图3-10-5）

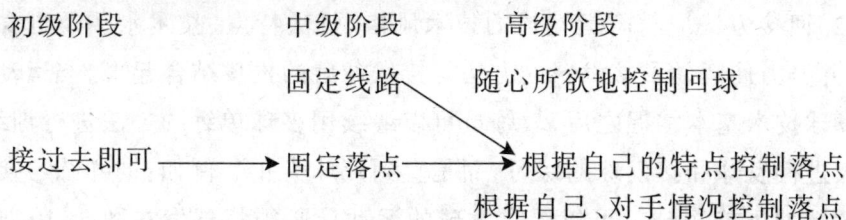

初级阶段 　　　　　　中级阶段 　　　　　　高级阶段

　　　　　　　　　　固定线路 　　　　　随心所欲地控制回球

接过去即可 ──────→ 固定落点 ──────→ 根据自己的特点控制落点

　　　　　　　　　　　　　　　　　　根据自己、对手情况控制落点

图3-10-5 落点训练的不同阶段

③ 好落点的示意图（图3-10-6）

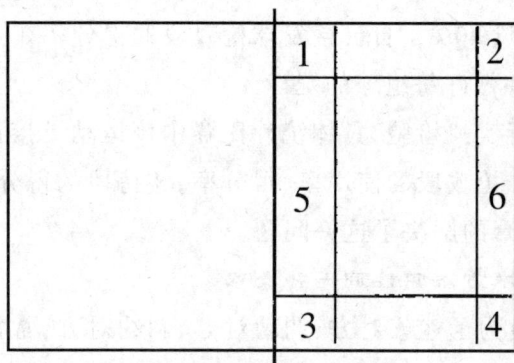

图3-10-6 好落点

说明：1~4为大角度短球和长球，5和6为追身球，应根据对方的站位情况、技术特点、下一个球准备移动的预判等实际情况选择合适的落点。

3.练习的要求

（1）根据运动员的具体情况，将上述因素的不同阶段进行组合、训练。例如：练习接对方发来的近网下旋球，可以要求发球的运动员必须将球发在图3-10-6的1号区域，球的落点不能离开网30厘米以上，第二跳不能从边线、端线飞出，球反弹后的高度不能比球网高。接发球运动员用摆短回接，要求接发球运动员将球回到对方运动员近网区域（不得超过30厘米），50个球一组。当运动员回球的80%以上都回到固定落点以后，可以加大运动员的回球难度。要求将球必须回到图3-10-6所示的1号区域，同样50个球一组。当运动员回球的80%以上都回到1号区域后，可以再次加大运动员的回球难度，要求运动员回球的高度不得比网高。此后，可逐渐加入旋转变化、隐蔽性、突然性等等要求,逐渐提高运动员用单一技术回接固定落点球的效果。

（2）回接方法应符合运动员的技术风格、打法特点、技术水平及自身条件等等,并努力使运动员接发球的方法与接发球后的抢攻结合起来。当运动员该项接发球技术基本掌握之后,教练员可以继续用多球单练的方法进行训练,不只仅仅进行发球和接发球的练习,而是直到死球为止。例如:同样练习接对方发来的近网下旋短球,可以要求发球的运动员必须将球发在图3-10-6的1号区域,球的落点不能离开球网30厘米以上,第二跳不能从边线、端线飞出,球反弹后的高度不能比球网高,接发球运动员用摆短回接,20个球一组,要求吃发球不能超过10%（单一发球）,对方发球抢攻的得分率不能超过25%,对方总得分率不能超过40%, 自己接发球抢攻段的得分率在30%左右, 总得分率50%左右等等,并做好每组球的统计。

（3）比赛中进行实战检验,具体统计比赛中该运动员接正手近网下旋短球时,对方运动员发球抢攻段的使用率、得分率,相持段的得分率和使用率,进一步了解运动员是否真的解决了这一问题。

（二）用不同技术方法回接同一种发球

比赛中,运动员为了迷惑对方、调动对方、制约对方,常常需要用不同的方法接同一种发球,更何况与不同打法的运动员比赛,就更需要不同的接发球方式,以便较好地获得比赛的主动权。而仅会一种方法接某种发球,对于高级别运动员之间的对决显然是不够的,即使这种接发球的方法再先进,想要赢得比赛是很难的。

1.受训对象

只掌握了用各种方法接该种发球的运动员。

2.训练方法

多球单练、单球训练、比赛。例如:某个运动员已通过一个阶段的训练,基本掌握了正手接下旋短球的搓、摆短、劈长、撇、晃搓、挑打等等技术,并在用单一技术回接此发球时,较好地达到了技术统计的要求。此时,教练员应要求运动员根据自己的技术水平和打法特点精练接发球技术, 重点解决依据对方运动员的实际情况（站位、战术意图、技战术和心理弱点）选择一个具体的接发球方法,包括该回球的落点、旋转、速度等等,并努力做到接发球的突然性强、隐蔽性好、假动作有欺骗性,更重要的是在此基础上旋转、落点的变化,做到动作相似,旋转、落点差异大。只有这样,才能在比赛中更好地迷惑对方、调动对方、制约对方,从而造成对方的判断失误,为自己赢得比赛创造机会。教练员可以按照下面的步骤训练,使运动员最终掌握该种发球的接发球技术。

① 接发球突然性强、隐蔽性好、假动作有欺骗性的不同阶段(图3-10-7)。

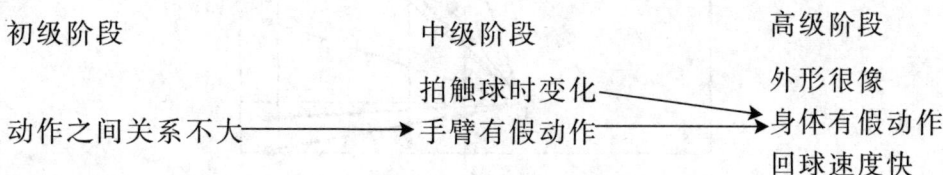

初级阶段　　　　　　　　中级阶段　　　　　　　　高级阶段

　　　　　　　　　　　拍触球时变化　　　　　　外形很像
动作之间关系不大　　　手臂有假动作　　　　　身体有假动作
　　　　　　　　　　　　　　　　　　　　　　回球速度快

图 3-10-7 不同阶段的接发球要求

② 旋转的不同阶段(图3-10-8)。

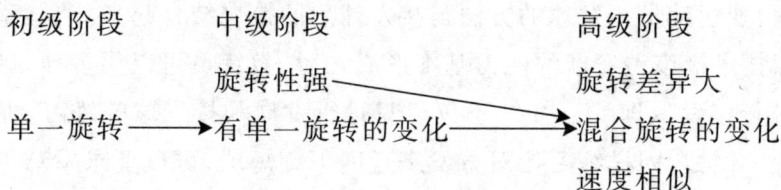

初级阶段　　　中级阶段　　　　　　　　高级阶段

　　　　　　旋转性强　　　　　　　　旋转差异大
单一旋转　　有单一旋转的变化　　　混合旋转的变化
　　　　　　　　　　　　　　　　　速度相似

图 3-10-8 旋转的不同阶段

3.练习的要求

(1)根据运动员的具体情况,将上述因素的不同阶段进行组合、训练。例如:练习接对方发来的近网下旋短球,可以要求发球的运动员必须将球发在图3-10-9的1号区域,球的落点不能离开网30厘米以上,第二跳不能从边线、端线飞出,球反弹后的高度不能比球网高。接发球运动员可以根据对方运动员的实际情况和自己的战术意图,灵活地、有目的地、科学地、合理地选择用摆短、劈长、撇、晃搓、挑打等技术回接,要求接发球运动员将球回到对方运动员的近网区域(不得超过30厘米)、端线区域(不得超过端线20厘米,尽量从边线飞出)(见图3-10-9),50个球为一组,刚开始对运动员回球的旋转强度、变化和动作相似性不作规定。当运动员回球的80%以上都回到固定落点以后,可以加大运动员的回球难度,要求将球必须回到图3-10-9所示的几个区域内,同样50个球一组。当运动员回球的80%以上都回到这些区域后,可以再次加大运动员的回球难度,要求运动员回球的高度不得比网高。此后,可逐渐加入旋转变化、隐蔽性、突然性等的要求,逐渐提高运动员单一技术回接固定落点球的效果。

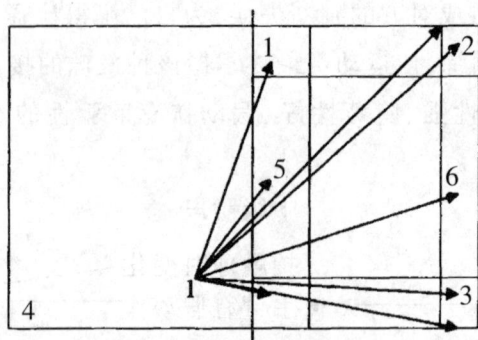

图 3-10-9 接发球的组合练习

(2)回接方法应符合运动员的技术风格、打法特点、技术水平及自身条件等,并努力使运动员接发球的方法与接发球后的抢攻结合起来。当运动员用各种接发球技术接该种发球的能力基本形成之后,教练员可以用多球单练、单球的方法进行接发球训练,此时,不仅仅只进行发球和接发球的练习,而是直到死球为止。例如:同样练习接对方发来近网下旋短球,可以要求发球的运动员必须将球发在图 3-10-9 的 1 号区域,球的落点不能离开网 30 厘米以上,第二跳不能从边线、端线飞出,球反弹后的高度不能比球网高。接发球运动员可以根据对方运动员的实际情况和自己的战术意图、灵活地、有目的地、科学地、合理地选择用摆短、劈长、撇、晃搓、挑打等技术回接。要求接发球运动员将球回到对方运动员的近网区域(不得超过 30 厘米)、端线区域(不得超过端线 20 厘米、尽量从边线飞出)(图 3-10-10),回球应有旋转、落点的变化,并且回球的隐蔽性、突然性要强,旋转差异要大,20 个球一组,要求吃发球不能多于20%,对方发球抢攻的得分率不能超过 35%,对方总得分率不能超过 50%,自己接发球抢攻段得分率在 30%左右,总得分率 50%左右等,并做好每组球的统计。

(3)比赛中进行实战检验,具体统计比赛中该运动员接正手近网下旋短球时,对方运动员抢攻段的使用率、得分率,相持段的得分率和使用率,并进行接发球方法、落点的详细统计,考察运动员是否能在比赛中根据对方运动员的实际情况和自己的战术意图,灵活地、有目的地、科学地、合理地选择用摆短、劈长、撇、晃搓、挑打等技术回接此种发球。

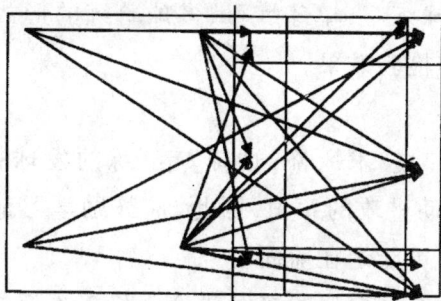

图 3-10-10 接发球练习图解

（三）用不同技术方法回接对方近似手法发出的不同旋转的发球

比赛中，发球运动员为了迷惑对方、调动对方、制约对方，常常发出动作相似、旋转、落点差异较大，隐蔽性、突然性强的发球，因此，接发球运动员要想变被动为主动，就必须在准确判断对方运动员发球旋转、落点的前提下，根据对方运动员的实际情况和自己的战术意图，灵活地、有目的地、科学地、合理地选择不同的方法接发球，以便在接发球一轮争取打平，为自己最终的胜利奠定基础。

目前手法相似、旋转性强，但旋转相反的发球主要有：①正手强烈下旋与不转球；②反手强烈下旋与转球；③正手侧上旋与侧下旋；④反手侧上旋与侧下旋；⑤急下旋与急上旋。

高水平运动员还有：①正手侧上、下旋与正手逆侧上、下旋；②急上旋、急下旋、轻短球、急侧上旋。

此外，还可以将上述发球进行落点变化的组合，优秀运动员还能将各种发球巧妙地结合起来，使他们看起来仅仅是拍触球瞬间的细节动作不同，从而进一步加大了对方接发球的难度。

1.受训对象

高水平运动员和准备参加各种比赛的运动员。

2.训练方法

（1）理论准备

仔细准备本书接发球技术的实际效用部分，做好尽量在训练和比赛中灵活运用的准备。

（2）多球单练、单球训练、比赛训练

同样可以采取多球练习、单球练习、多球单练的形式进行练习，最主要的是在比赛中大胆运用，检验效果。

3.练习的要求

（1）围绕打法特点、技术风格，选择"精"练的发球技术一定要有独到之处、过人之处，体现主动进攻的意识，因此，应鼓励学习他人是必要的，但没有创新的学习，永远也不可能走在前面。

（2）一定要树立没有高质量的接发球抢攻和2、4板的衔接的技术，就不能攀登世界高峰的意识，鼓励运动员注意自己的练习质量，加强对来球的旋转、落点和对方运动员战术意图的判断意识。掌握依据对方运动员拍触球的细节动作、球的运行弧线等特点判断来球的技巧，谨防被对方的假动作所蒙蔽，杜绝运动员不能准确判断，仅仅依靠防守的、中性的接发球方法接发球的行为，以便更好地提高运动员的接发球能力和水平。但业余选手可以学习用长胶、半长胶等不吃旋转的胶皮接发球，或这样用力摩擦球的搓的方法接发球，以便在不能准确判断对方旋转的情况下，保证接发球成功。

（3）每天保证30分钟左右的接发球练习（多球），1小时左右的接发球抢攻练习，并且在练习时认真按照教练员的部署和要求训练，注意练习的高质量。优秀运动员可以根据自己和对手的实际情况，细化练习内容和要求（对发球运动员每个发球的速度、旋转、落点，配套发球间的相似程度、隐蔽性、突然性、旋转差异等都提出具体的要求），通过调节练习难度，更好地达到练习的目的。

（4）对于每天的接发球、接发球抢攻练习不仅有时间、数量、质量的定性要求，最好也有定量要求，而这些定量要求应该符合运动员的实际情况，并随着运动员水平的提高而不断地变化其难度。对于那些需要双方运动员配合或共同完成的量化指标，还要考虑对方运动员的实际情况和双方运动员的实力差异。例如：接发球练习，可以对发球运动员的发球落点、旋转进行要求，但要求其发短球的落点不能离开球网30厘米以上，第二跳不能从边线、端线飞出，发长球的落点离端线的距离不能超过20厘米，并尽量从边线飞出，球反弹后的高度不能比球网高，在发球时要注意隐蔽性、突然性及旋转的变化。接发球运动员可以根据对方运动员的实际情况和自己的战术意图，灵活地、有目的地、科学地选择合理接发球的方法，要求接发球运动员将球回到对方运动员的近网区域（不得超过 30 厘米）、端线区域（不得超过 20 厘米,尽量从边线飞出）（图 3-10-10）,回球应有旋转、落点的变化,并且回球的隐蔽性、突然性要强,旋转差异要大,20 个球一组,要求吃发球不能多于 25%,对方发球抢攻的得分率不能超过 50%,对方总得分率不能超过 60%,自己接发球抢攻的得分率在 30% 左右,总得分率 50% 左右等,并做好每组球的统计。

（5）比赛中,特别是正式比赛,尤其是关键场次、关键球,运动员一般都要选择比较稳定的接发球技术,以求稳妥。但教练员应该鼓励运动员养成用那些质量高、但有一定失误率的、出人预料的接发球技术,因为过硬的技术,必须经过比赛的磨炼,在比赛中不敢应用,不能融入自己打法的技术,只能是纸上谈兵。

（6）比赛中进行实战检验,具体统计比赛中该运动员接发球段的使用率和得分率,接发球一轮的相持使用率和得分率,并进行接发球方法、落点的详细统计,考察运动员是否能在比赛中根据对方运动员的实际情况和自己的战术意图,灵活地、有目的地、科学地选择合理的技术接发球。

三、其他技术

（一）弧圈球打法的训练

弧圈球打法是目前世界乒坛的主流打法,从打法的特点上再细分,可以分为弧圈结合快攻打法和快攻结合弧圈打法。

1.弧圈球打法的训练重点

目前乒乓球技术发展的方向可以概括为:积极主动,特长突出,技术全面,没有明显漏洞以及"前 3 板"上手快,相持攻防转换快,战术应变快,且随着击球质量的提高,五大制胜因素"快、准、狠、变、转"已提高到了一个新的层次。在这种新形势下,弧圈球打法的训练重点如下:

（1）重视前 3 板技术

弧圈球打法的运动员一般身体素质较好,再加上反胶本身摩擦系数较好,因此运动员一般击球力量、活动空间较大,回球旋转较强。由于回球质量高,活动范围大,因此相持能力相对较强。但如果要想成为高水平的运动员,就必须重视前 3 板的训练,并在前 3 板上形成自己独特的过人之处、超人之处的绝招发球和接发球技术,有较强的抢攻能力,力争主动。

（2）正手攻击力是必修课

由于没有身体的限制,一般运动员的正手均比反手的攻击力强。而在规则进行大幅度变化的今天,在力量、旋转、速度高度发展和高融合的今日乒坛技术中, 正手技术的杀伤力更不能小视, 它是能否成为一名超一流运动员的必备技术。因此,无论是正手位,还是反手侧身位,特别是大范围跑动中的正手杀伤力(包括速度、力量、旋转、落点、准确性的高度统一),是每堂训练课高度重复的内容。

（3）加强攻防转换的训练

由于大球、11 分赛制、无遮挡发球的实施,使发球和发球抢攻的威力受到了一定的限制,而在与自己水平相当选手的比赛中,打到相持的概率就会增加。相持有主动相持、被动相持和对攻相持,而这些相持的状态在不断地发生变化,要想提高相持能力,就必须提高从被动转换成主动的能力,提高在主动相持中获胜的概率。具体地讲,就是加强练习,主要的相持技术应达到能快能慢、能凶能稳、能有旋转的变化, 既能拉能冲, 又能大力扣杀；既能在被动时通过改变击球节奏、回球速度、旋转、落点等,造成对方失误,变被动为主动,或放高球防御,又能在有机会时反击,只有这样才能在比赛中应付各种复杂的局面。

2.弧圈球打法的训练内容和训练方法

根据比赛中来球的性质,我们可以将其分为:回接下旋球和回接上旋球。

（1）回接下旋球

①不出台球

正、反手摆短到对方的不同落点,需要注意的是拍触球时应注意控制球,尽量不要让球出台(见图 3-10-11),并使球具有一定的旋转,在限制对方进攻的前提下,为自己的进攻创造机会。

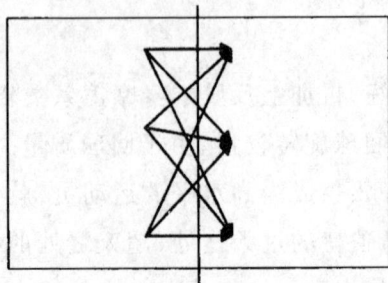

图 3-10-11 不出台球

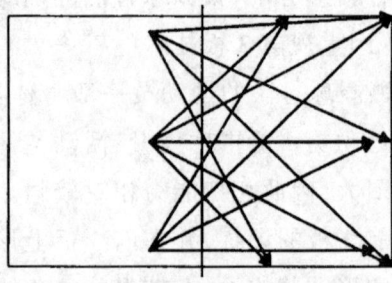

图 3-10-12 不同落点球

②不同落点球

正手、正手侧身、反手快点对方不同落点(图 3-10-12),正手、侧身、反手快拉对方不同落点。回球应具有突然性,动作应具有隐蔽性,尽量调动对方(球从边线飞出),并尽量让球带有一定的侧旋,以便为自己的下一板进攻创造机会。

③半出台球或出台球

正手、正手侧身、反手拉球至对方不同落点(图 3-10-13)。回球应具有突然性,动作应具有隐蔽性,尽量调动对方(球从边线飞出),并尽量让球带有一定的侧旋,以便为自己的下一板进攻创造机会。

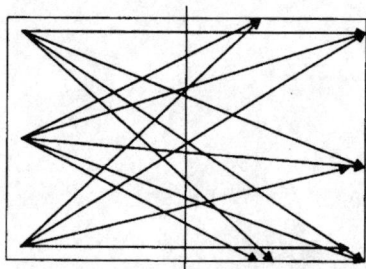

图 3-10-13 半出台球或出台球

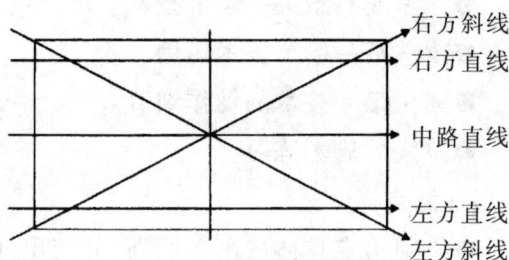

右方斜线
右方直线
中路直线
左方直线
左方斜线

图 3-10-14 线路练习

正手、正手侧身、反手突击下旋球至对方不同落点。回球应具有突然性,动作应具有隐蔽性,尽量调动对方(球从边线飞出),应用全力回击,尽量得分。为保证命中率,注意拍触球时的角度应根据对手来球的旋转进行调节,如果来球下旋较强,拍触球时应将球拍稍后仰,否则球拍应垂直。同时,还要根据对方来球反弹后的高度,调节引拍的高度,但球拍必须低于球。

④对付削球选手

对付削球选手时,可以采用全台移动中用正手快拉、轻拉、拉加转、拉前冲弧圈球至对方一点或不同落点,伺机扣杀或拉冲的战术。如果本方运动员搓中突击(拉冲)的技术掌握得比较好,也可以在与对方对搓中,伺机突击(拉冲),但一定不能只搓不进攻。

(2)回接上旋球

①各种技术的单线练习(图 3-10-14)

[方 法]

●按规定的单一线路,进行各种单一技术的练习。例如:左方斜线正手侧身对攻,或一名运动员进攻(拉、冲、扣),另一名运动员防守等。

●按规定的单一线路,进行两种及两种以上技术的结合技术和战术练习。例如:侧身攻(拉、冲、扣)、拉后扣杀、发球抢攻、接发球及其抢攻等。

●按规定的单一线路,进行单一技术、两种及两种以上技术不同落点的技术、战术练习。例如:各条线路的长短球结合训练。

[作 用]

●专项准备活动。

●学习或熟悉某一单个技术。

●改进某一单个技术运用。

●强化某一技术的动作细节。

●单线的战术练习。

[注意点]

●必须给定具体的落点区划,并定出详细的定量标准。

●对回球的速度、力量、旋转等,根据运动员的实际情况给出具体指标。

●单线练习时,必须有重心的交换、还原,小碎步的调整等动作,要单线活练。

●不能把单线练习看成是简单的重复练习,而不注意质量。

②各种技术的复线练习

[两点对一点的练习方法]

●一方运动员固定落点,另一方运动员有规律地变化左右落点。如左右落点各一次,左右落点各两次,左方落点2次,右方落点1次等。

●一方运动员固定落点,另一方运动员无规律地变化左右落点。变化落点的运动员可以根据对方运动员的实际情况、战术意图灵活地变化左右落点。

上述练习可以采用一种技术,也可以采用两种技术,常用的方法有:

●一方反手技术(攻、拉、冲、扣)、正手技术(攻、拉、冲、扣)、正手侧身技术(攻、拉、冲、扣)等,另一方左推(直拍横打、横拍反手)右攻(攻、拉、冲、扣)(图3-10-15)。

●一方反手技术（攻、拉、冲、扣）、正手技术（攻、拉、冲、扣）、正手侧身技术（攻、拉、冲、扣）等，另一方左推（直拍横打、横拍反手）右攻（攻、拉、冲、扣），伺机侧身攻（攻、拉、冲、扣）（图3-10-15）。

●一方反手技术（攻、拉、冲、扣），另一方左推（直拍横打、横拍反手）右攻（攻、拉、冲、扣）。有机会时双方均可以侧身攻（拉、冲、扣）（图3-10-15）。

●一方反手技术（攻、拉、冲、扣），另一方左推（直拍横打、横拍反手）、侧身正手技术（拉、冲、扣）、扑正手。有机会时双方均可以侧身攻（拉、冲、扣）（图3-10-15）。

●一方反手技术（攻、拉、冲、扣），正手技术（攻、拉、冲、扣）、正手侧身技术（攻、拉、冲、扣）等，另一方正手1/2台、2/3台、全台跑动正手攻（拉、冲、扣）（图3-10-16，以2/3台为例）。

●一方反手技术（拉、冲），伺机侧身攻（拉、冲、扣）；另一方正手1/2台、2/3台、全台跑动手攻（拉、冲、扣）（图3-10-16）。

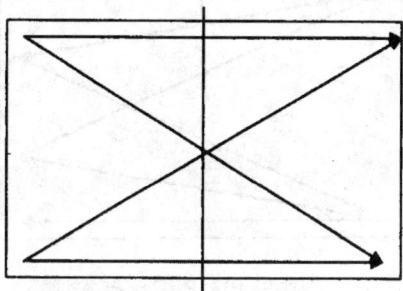

图 3-10-15 推、侧、扑练习　　　　图 3-10-16 全台跑动正手攻

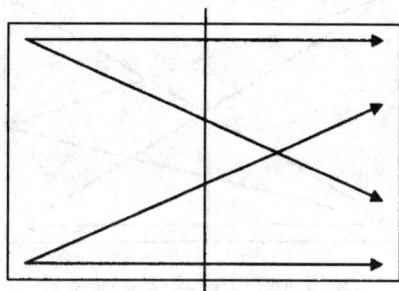

③三点或多点对一点的练习

[方法]

●一方运动员固定落点，另一方运动员有规律地变化左中右落点。如：左中右落点各一次，左中右落点各两次，左方落点两次，中路或右方落点一次等。

●一方运动员固定落点，另一方运动员无规律地变化左中右落点。变化落点的运动员可以根据对方运动员的实际情况、战术意图灵活地变化左右落点。

上述练习可以采用一种技术，也可以采用两种技术，常用的方法有：

●一方反手技术(攻、拉、冲、扣)、正手技术(攻、拉、冲、扣)、正手侧身技术(攻、拉、冲、扣)等,另一方左推(直拍横打、横拍反手)、中路和右方落点正手攻(拉、冲、扣)(图3-10-17)。

●一方反手技术(攻、拉、冲、扣)、正手技术(攻、拉、冲、扣)、正手侧身技术(攻、拉、冲、扣)等,另一方左推(直拍横打、横拍反手)、中路和右方落点正手攻(拉、冲、扣),伺机左方落点侧身攻(拉、冲、扣)(图3-10-17)。

●一方反手技术(攻、拉、冲、扣),另一方左推(直拍横打、横拍反手)、中路和右方落点正手攻(拉、冲、扣),有机会时,双方在左方落点均可侧身攻(拉、冲、扣)(图3-10-17)。

●一方反手技术(攻、拉、冲、扣),正手技术(攻、拉、冲、扣)、正手侧身技术(攻、拉、冲、扣)等,另一方正手1/2台、2/3台、全台跑动正手攻(拉、冲、扣)(图3-10-18,以2/3台为例)。

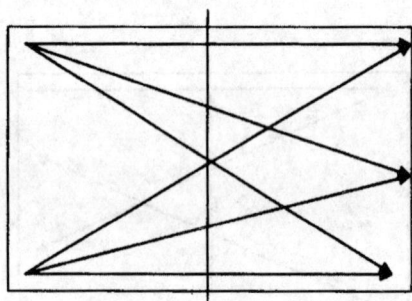

图3-10-17 综合技术训练　　　　图3-10-18 综合技术训练

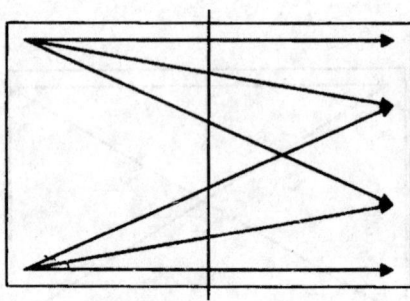

●一方反手技术(攻、拉、冲、扣),伺机侧身攻(拉、冲、扣);另一方正手1/2台、2/3台、全台跑动正手攻(拉、冲、扣)。

此外,还要注意进行正手杀高球和杀半高球的训练。

[作　用]

一点打两点、三点、多点打一点:

●可以提高对落点的控制能力。

●伺机侧身时,可以提高对机会的把握能力,步法移动能力。

两点、三点、多点打一点:

●可以提高对落点的控制能力。

● 可以提高步法移动能力。

● 可以提高不同技术的衔接能力。

[注意点]

● 必须给定具体的落点区域,并定出详细的定量指标。

● 对回球的速度、力量、旋转等,根据运动员的实际情况给出具体指标。

● 循序渐进,由易到难,由定点练习到不定点练习,跑动的区域应由小到大,落点的区域应由大变小。

● 主要练习者应对对方提出较详细的具体要求,以提高练习效果。

● 陪练者应根据对方运动员的具体情况,调整回球的速度、力量、落点、旋转,保证其难易程度恰到好处,以提高练习的质量和效果。

● 对方运动员为弧圈球选手时,横拍快攻运动员应要求对方拉、冲时保证回球质量,开动脑筋,以尽快地提高对付弧圈球的能力。

● 双方运动员绝不可以通过降低质量来偷工减料地完成定额。

④多点对多点的练习。

[方 法]

● 两斜两直的练习(图 3-10-19),一方运动员有规律地回球必须是直线,另一方运动员回球必须是斜线。如:左右落点各 1 次,左方落点 2 次,右方落点 1 次。

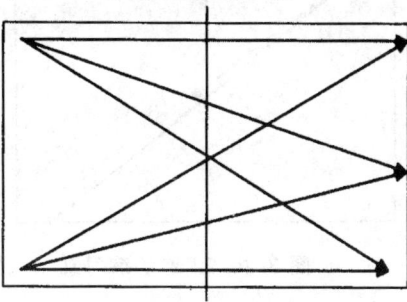

图 3-10-19 两斜对两直　　　图 3-10-20 跑动练习

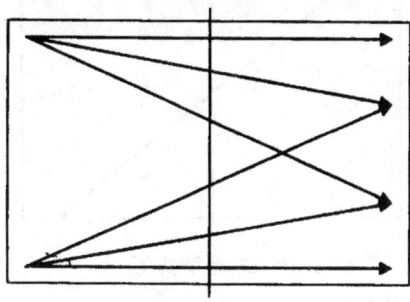

● 一方运动员固定落点,另一方运动员无规律地变化左右落点。变化落点的运动员可以根据对方运动员的实际情况、战术意图,灵活地变化左右落点。

● 双方运动员无规律地变化左右落点。变化落点的运动员可以根据对方运动员的实际情况、战术意图,灵活地变化左右落点。

上述练习可以固定采取一两种技术,也可以对采取的技术不加限制,常用的方法有:反手位技术(攻、拉、冲、扣),正手侧身技术(攻、拉、冲、扣)等,正手位和中路位置用正手技术(攻、拉、冲、扣)。

上述练习还可以在左右落点变化的基础上增加前后落点的变化,同样是由有落点规律的练习到无落点规律的练习。

此外,练习还可以从下旋开始,从接发球和发球开始。

还要注意进行正手杀高球和杀半高球的训练。

⑤跑动练习实例(图3-10-20、图3-10-21,图3-10-22,图3-10-23,图3-10-24)。

[作用]

●可以提高对落点的控制能力。

●可以提高步法移动能力。

●可以提高不同技术的衔接能力。

●不定点练习时,可以更好地练习对落点的判断能力、移动能力及技术衔接能力,如果运动员的技术水平达不到要求,可能因失误过多而达不到练习的效果。

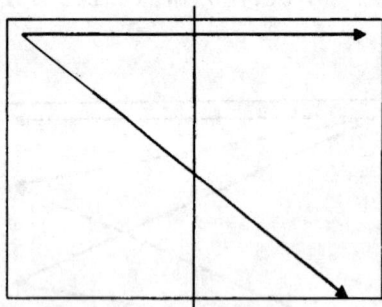

图 3-10-21 跑动练习①　　　　　图 3-10-22 跑动练习②

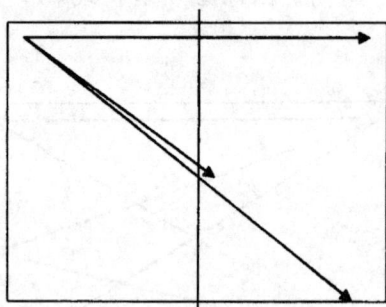

[注意点]

●对回球的速度、力量、旋转等,必须根据运动员的实际情况给出具体指标。

●循序渐进,由易到难,由定点练习到不定点练习,跑动的区域由小到大,落点的区域应由大变小。

●主要练习者应对对方提出较详细的具体情况,调整回球的速度、力量、落点、旋转,保证其难易程度恰到好处,以提高练习的质量和效果。

●对方运动员为弧圈球选手,本方运动员应要求对方拉、冲时保证回球质量,开动脑筋想办法,以尽快地提高对付弧圈球的能力。

●双方运动员绝不可以通过降低回球质量来偷工减料地完成定额。

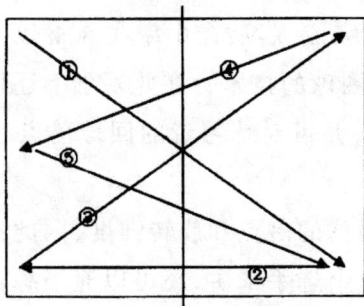

图 3-10-23 跑动练习③　　　　图 3-10-24 跑动练习④

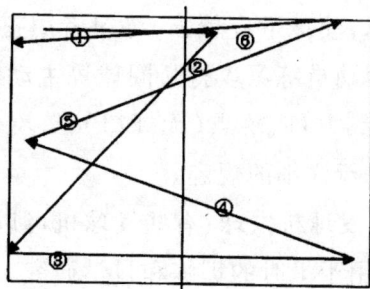

3.弧圈球运动的训练方法

（1）多球训练

[方　法]

●多球单练:练习时在球台边放一筐乒乓球,进行单球训练。好处是既可体会单球训练每一板球之间旋转的微妙变化,又可以适当节省捡球时间。

●供多球的练习:练习时在球台边放一筐乒乓球,由教练员或其他人员不断地喂球给练习者,让练习者反复完成一定数量或时间的练习。好处是反复练习某个动作或某个技战术组合,可以加快这些技术、战术的掌握,特别是练习难度较大的技术和战术时效果更佳。此外,多球练习大大地节省了捡球时间,加大了单位时间内练习的密度和强度,因此可以作为体能训练的方法,锻炼运动员的意志。

供多球的方法主要有:

●自抛自打:如练习发球或刚开始学习某一动作时,由于自抛自打时落点单一,球的前冲力不大,且来球的节奏由自己控制,因此,相对比较简单。

●单人供球单人练习:由教练员或其他人员按照练习的目的和具体要求,将球供给练习者。如:教练员喂上旋球至对方的正手、中路、反手各一次,要求每分钟供球 60 次,中等力量,练习者用正手跑动完成练习,命中率在 80% 以上。在此基础上还可以增加旋转、力量、落点(无规律)、节奏的变化,并可对练习者的回球落点、旋转、力量进行详细的规定。

●单人供球双人练习：由教练员或其他人员按照练习的目的和具体要求，将球供给一名练习者，该名练习者再按照要求将球击给另一名练习者。如：教练员喂下旋球至对方的正手、中路、反手各一次，要求每分钟供球 60 次，尽量摩擦球，使球下旋较强，练习者用正手跑动完成练习，命中率在 80％以上。另一名运动员练习攻打弧圈球等主动回接弧圈球的技术，在此基础上还可以增加旋转、力量、落点（无规律）、节奏的变化，并可对练习者的回球落点、旋转、力量进行详细的规定。

●发球机供球：有些发球机可以设定喂球的落点和旋转强度，因此比较精确，可用于平时的训练和科学研究。对于业余选手来讲，还可以充当练习的搭档，并且发球机本身并不需要多大的场地条件，在比较窄小的场地就可以进行练习。

[作　用]

●比较容易控制，使喂球符合规定的要求，以便于反复练习某一项或几项特定的技术、战术，有利于集中解决该项技术、战术、步法问题。

●节省了捡球时间，加大了练习的密度、强度、难度（或减少难度），提高了练习的负荷。

[注意点]

●练习的要求和供球的难度应该符合运动员的实际情况，喂球者应通过观察确定难度是否合适，其难度应该是在运动员全力以赴的情况下，逐渐增加回球的质量和命中率。相反，如果运动员根本无法正常练习，应想办法适当降低练习难度；如果运动员不用努力就可以达到练习的要求，应适当增加练习的难度。

●多球练习虽然是非常有效的训练方法，但是绝对不能用它来代替单球训练，因为每板之间的衔接不可能像喂多球那样简单。况且，多球练习特别是发球机喂球，不利于运动员养成盯球，提前判断的好习惯。此外，由于球很多，如果没有具体的要求和统计，运动员不会注意命中率，容易出现不动脑子、不认真对待每个球的现象。因此，多球的练习时间，应根据运动员的水平和练习的阶段而有所区别。

（2）比赛练习法

[方 法]

比赛练习法是指在近似、模拟或较真实、严格的比赛条件下,按照特定的比赛规则和方式进行训练的一种方法。

●检查性比赛:在每节课的课后留出 20~30 分钟进行记分比赛,内容可以多种多样,例如:对手之间的比赛、升降台比赛、擂台赛、本次课中主要练习内容（技术或战术）的比赛、特殊规则的比赛（对本次课某些重点练习内容加分）。

●计划性比赛:在每次课开始部分,为了运动员（较高水平）能够更好地在本次课一些指导性练习内容中进行详细的计划,以便对对方提出具体要求,有利于两者之间的相互配合而进行的比赛。或是在训练前,进行几轮升降台的比赛,以便确定对手。

●测验性比赛: 在经过一段时间的训练之后, 可以进行一次较正式的对内、对外比赛,可以按照正式的比赛规则进行,也可以针对上一阶段的主要训练内容进行一些特殊的规定。旨在检验上一阶段的训练效果,发现上一阶段训练中出现的问题,以便在下一阶段的训练中加以纠正。

●关键性比赛:可以在每次课快结束时,也可以在周末或其它时间进行调整时,让运动员进行此种比赛。比赛的主要限制是每局比赛不是从 0:0 开始,而是从一定分数开始。例如:5:5,8:8,6:8,9:9,8:10,9:10,10:10 等。形式可以多种多样。例如:个人擂台赛（将水平较为相近的运动员分在一台,赢了继续比赛,输了下场排队）、团体擂台赛（比赛双方各出几名选手,比赛时每队出一人,胜者可以留下继续比赛,负方必须换人）、升降台比赛（数台同时开始比赛,规定好比赛的前进方向,胜者向前进方向进一台,负者向后退一台）。

●特定技战术比赛:规定比赛中使用某种技术可以得 2 分,或不使用某种技术算失分。例如:发球抢攻的比赛,规定发球方发球后必须抢攻或抢拉,并在第 3 板或第 5 板必须得分,否则算失误,以提高运动员发球抢攻的意识。此外,还有接发球抢攻（接发球必须抢拉抢攻）比赛、规定某种发球旋转的比赛、规定某种发球落点的比赛、规定某种发球方法的比赛、相持比赛等。

●适应性比赛:针对某个大型比赛进行的适应性比赛。主要有适应比赛的时间(世界比赛没有午休,时差较大)、适应比赛环境(现场的观众、噪音、气候、灯光等)、适应比赛节奏(每天长时间、中午不休息;整个比赛的时间长、场次多)、适应比赛对手(对主要比赛对手做好技战术分析,并制订好比赛方案,尽量找到与其相似的运动员进行适应性训练和比赛)。

●轮换发球法比赛。

●让分比赛:根据比赛双方的实力,规定比赛时有一方不从 0 开始,以使比赛更加激烈。

[作 用]

●调动运动员训练的积极性。

●及时发现运动训练中的问题,以便于及时改正。

●便于运动员更好地确定训练计划。

●便于运动员更好地确定技术风格。

●便于运动员更好地适应比赛。

[注意点]

●比赛中一定要严格执行计划,按要求比赛。

●比赛中要开动脑筋,及时发现问题,并找出根源。

●比赛中一定要敢于使用新技术,以使他们尽早融入自己的技战术体系。

●比赛中应对自己提出要求,有意识地磨炼自己。

●比赛中除了磨炼战术外,还要磨炼意志品质和其他的心理素质。

(二)削球打法的训练

削球打法是目前世界乒坛的非主流打法,从打法的特点上再细分,可以分为削球打法和削攻结合打法。

1.削球打法的训练重点

(1)重视前 3 板技术

虽然削球打法给人的印象是在稳中取胜,但随着乒乓球技术的发展,仅仅靠稳削是不可能攀登世界高峰的,要想在当今的国际乒坛上占有一席之地,就必须有较好的前 3 板技术。因此,削球运动员也必须和进攻型打法的运动员一样重视前 3 板的训练。要改变以往削球运动员仅仅是在削出机会球时才进攻的落后观念,不能在发球时以发下旋为主,接发球时总是以搓球回接,而应在前3板上形成自己的独特风格和有过人之处、超人之处的绝招发球、接发球技术,有较强的抢攻能力,在比赛中力争主动。

（2）提高对付弧圈球的能力

提高接弧圈的命中率。依据对方运动员的击球动作、球飞行的弧线及落台情况,准确地判断弧圈球的种类;依据来球的不同性质,调节击球的时间、动作。

增加对弧圈球的控制。回接弧圈球不仅仅是不失误,还应使回球得到有效的控制,做好先压、后削、最后送的动作,并加快拍触球瞬间的挥拍速度,适当的时候可以提早击球时间、提高击球点,以使回球具有低而凶的特色。在此基础上,最好能使球具有一定的旋转、落点的变化。以达到抑制对方运动员的连续高质量拉冲,为自己创造机会。

（3）提高攻削结合的能力

削攻技术的有机结合是现代乒乓球技术发展对削球打法提出的要求,它要求运动员不仅仅能在近台反攻,而且在中远台也能削中反拉,甚至能与对手展开连续对拉。这就要求运动员在训练中加大削攻结合的训练比例,提高削与攻的转换能力,以便在比赛中随心所欲地、有效地将两者有机地结合起来。

（4）提高反手位的进攻能力

反手位进攻能力较差的削球运动员是有漏洞的、技术不全面的,常常会被对方运动员从反手突破,最后全线崩溃,因此,要求运动员不仅正反手都能进攻,而且还要有出色的侧身攻（拉、冲）的技术。教练员在训练中一定不能忽视,应加强训练。

2.弧圈球打法的训练内容和训练方法

削球运动员也应该与进攻型运动员一样,需要练好发球、接发球和其他一些反攻技术。

此外,削球运动员还应练好各种削球技术。其训练方法也基本上与攻球运动员的训练相同,但应特别注意以下两点。

（1）削球运动员的跑动范围大,由于只有跑动到位才能削出高质量的、有变化的球,才能为进攻创造机会;而上台反攻、侧身、跑动进攻时,必须跑动到位才能提高攻球命中率,提高回球的质量,因此,一定要加强削球运动员的步法训练。

（2）削球运动员的动作细腻，结构严谨，回接不同性质的来球，其技术要点不同，而且在重视上肢发力和步法移动的同时，还应注意腰、膝、重心移动等辅助力量的协调配合，才能有效地控制球，提高回球的质量。因此，应加强基本功的训练。

第四部分　乒乓球考级 1~9 级内容

考试内容

通则：

1.本规定均以右手持拍考生为例,左手持拍考生与之相反。

2.考试出现外界或不可抗等因素干扰考试现象,监考官要立即停表与停止考试,干扰过后,考试继续,前面考试成绩有效。

3.考生失误,计数重新计算。（不包含发球）

4.陪考官、发球机失误或出现擦网、擦边、过线,都不算失误,考试继续,累进计数。考试暂停,计时暂停;考试继续,计时继续。

5.发球、器材等未尽事宜,均按国际乒联最新规则执行。

一级内容与标准

内容 1:右 1/2 台连续正手攻球 60 板 / 分钟

考试方法:考生正手攻球,陪考推（拨）或攻,考生在 1 分钟内,正手攻球 60 板,判定合格。3 次考试机会。

评定方法:右半台区域为有效攻击区域,压中线为有效球;越过中线为失误,要重新计数。考试过程中,出现反手击球,不计数,也不算失误,考试继续。

内容 2:左 1/2 台连续反手推（拨）球 60 板 / 分钟

考试方法:考生与陪考对推或拨,考生在 1 分钟内,反手推（拨）球 60 板,判定合格。3 次考试机会。

评定方法:左半台区域为有效攻击区域,压中线为有效球;越过中线为失误,需重新计数。考试过程中,出现正手击球,不计数,也不算失误,考试继续。

内容 3:正手平击发球 10 个

考试方法:左、右 1/3 台各画一条标志线,考生发的 10 个球中,必须是左右 1/3 区各 5 个,总计成功 7 个,判定合格。1 次考试机会（10 个发球为 1 次）。

评定方法:考官有义务提醒考生每边各发了几个。压 1/3 线或擦边均为好球,擦网重发。发球高度不能超过球网两倍,发球速度在中等速度或以上,否则,算失误,以考官判罚为准。

二级内容与标准

内容 1:连续左推(拨)右攻 60 板(30 组)/ 分钟

考试方法:陪考推或拨考生左右 1/3 台,考生左推(拨)右攻到陪考固定区域(不做详细规定)。考生在 1 分钟内,击球达到 60 板(30 组),判定合格。3 次考试机会。

评定方法:左右 1/3 区域为有效击球区域,压中线为有效球;越过中线为无效球,不计板数。考试过程中,出现两次或以上正手或反手连续击球,不计数,也不算失误,考试继续。

内容 2:连续推挡(拨球)侧身扑正手 30 板(10 组),40 秒

考试方法:陪考按推挡(拨球)侧身扑正手攻的落点要求推考生左右 1/3 台区域,考生推挡(拨球)侧身扑正手攻到陪考固定区域(不做详细规定)。考生在 40 秒内,击球达到 30 板(10 组),判定合格。3 次考试机会(40 秒为 1 次)。

评定方法:左右 1/3 区域为有效击球区域,压中线为有效球;越过中线为无效球,不计板数。考试过程中,出现两次或以上正手或反手连续击球,不计数,也不算失误,考试继续。

内容 3:侧身正手发急长球 10 个

考试方法:左右 1/3 台各画一条标志线,离端线 30 厘米处再画一条平行线,考生左半台侧身站位发的 10 个球中,必须是左右 1/3 区和端线附近各 5 个,总计成功 7 个,判定合格。1 次考试机会(10 个发球为 1 次)。

评定方法:考官有义务提醒考生每边各发了几个。擦边为好球,擦网重发。发球高度不能超过球网两倍,否则,算失误,以考官判罚为准。发球速度在中等速度以上,否则,算失误,以考官判罚为准。球必须落在 1/3 台和端线附近(30 厘米)区域,否则,算失误,压线为有效球。

内容 4:正、反手接全台不定点急长球 10 个

考试方法:左右 1/3 台各画一条标志线,陪考发急长球到考生左右 1/3 区

不定点各 5 个,考生接发球,考生必须回球到球台左、右 1/3 区各 5 个,总计成功 7 个,判定合格。1 次考试机会(10 个发球为 1 次)。

评定方法:考官有义务提醒考生每边各接了几个球。陪考发球擦边,擦网均重发。陪考发球要求同标准 3,否则,算失误,以考官判罚为准。考生回球必须落在左右 1/3 台区域,否则,算失误。回接球压线、擦边、擦网后上台均为有效球。

三级内容与标准

内容 1:右 1/2 台正手连续搓 30 板,1 球

考试方法:陪考与考生右 1/2 台对搓,考生 1 个球连续搓 30 板,判定合格。3 次考试机会。

评定方法:右半台区域为有效击球区域,压中线为有效球;越过中线为失误。搓的过程中,出现反手搓球,不计数,也不算失误,考试继续。陪考失误,累进计数,考试继续。出现擦网、擦边,不算考生失误,累进计数,考试继续。搓球要有明显摩擦与下旋,否则,不计数,考试继续,连续搓球不转 5 板以上,不计成绩。

内容 2:左 1/2 台反手连续搓 30 板,1 球

考试方法:陪考与考生左 1/2 台对搓,考生 1 个球连续搓 30 板,判定合格。3 次考试机会。

评定方法:左半台区域为有效击球区域,压中线为有效球;越过中线为失误。搓的过程中,出现正手搓球,不计数,也不算失误,考试继续。陪考失误,累进计数,考试继续。出现擦网、擦边,不算考生失误,累进计数,考试继续。搓球要有明显摩擦与下旋,否则,不计数,考试继续,连续搓球不转 5 板以上,不计成绩。

内容 3:正手下旋发球 10 个

考试方法:左右 1/3 台各画一条标志线,考生发的 10 个球中,必须是左右 1/3 区各 5 个,总计成功 7 个,判定合格。1 次考试机会(10 个发球为 1 次)。

评定方法:考官有义务提醒考生每边各发了几个。压 1/3 线或擦边均为有效球,擦网重发。发球高度不能超过球网两倍,否则,算失误,以考官判罚为准。发球旋转在中等强度或以上,否则,算失误,以考官判罚为准。

内容 4:左 2/3 台不定点正手发力攻 10 板,15 秒

考试方法:陪考发左 2/3 台不定点半高多球(两倍网高或以上),考生正手发力攻球,考生在 15 秒内,连续攻球 10 板,成功 7 板,判定合格。3 次考试机会(15 秒为 1 次)。

评定方法:发力攻的过程中,出现反手击球,不计数,也不算失误,考试继续。出现擦网后上台、擦边,为有效球,累进计数。考生发力攻时,力量必须是自身最大力量的 70%或以上,否则,不计数,以考官认定为准。

内容 5:左 1/2 台不定点连续反手发力(推)攻 10 板,15 秒

考试方法:陪考发左 1/2 台不定点半高多球(两倍网高或以上),考生反手发力(推)攻球,考生在 15 秒内,连续(推)攻球 10 板,成功 7 板,判定合格。3 次考试机会(15 秒为 1 次)。

评定方法:发力(推)攻的过程中,出现正手击球,不计数,也不算失误,考试继续。出现擦网后上台、擦边,为有效球,累进计数。考生发力(推)攻时,力量必须是自身最大力量的 70%或以上,否则,不计数,以考官认定为准。

四级内容与标准

内容 1:全台不定点连续快搓 30 板,40 秒

考试方法:陪考与考生对搓,陪考搓考生全台不定点,考生搓陪考一点或半台。考生在 40 秒内,达到 30 板,判定合格。3 次考试机会(40 秒为 1 次)。

评定方法:陪考搓球过程中,一个方向上供球不能连续超过三次,三次以上不计数。考生失误或越过中线,算本次考试失败,重新开始。考生回球,压中线、擦网后上台、擦边,为有效球,累进计数。陪考失误或擦网、擦边,不算考生失误,累进计数,考试继续。考生搓球要有明显摩擦与下旋,否则,不计数,考试继续,连续搓球不转 5 板以上,不计成绩

内容 2:右 1/2 台正手劈长斜线 10 板

考试方法:陪考发右 1/2 台下旋平网球,考生正手劈长斜线(右 1/2 台),成功 7 板,判定合格。3 次考试机会。

评定方法:考生劈长时,要体现出明显的力量、速度和旋转特征,否则,不计数,以考官认定为准。出现擦网后上台、擦边,为有效球。

内容 3:左 1/2 台反手劈长斜线 10 板

考试方法:陪考发左 1/2 台下旋平网球,考生反手劈长斜线(左 1/2 台),

成功 7 板,判定合格。3 次考试机会。

评定方法:考生劈长时,要体现出明显的力量、速度和旋转特征,否则,不计数,以考官认定为准。出现擦网后上台、擦边,为有效球。

内容 4:正手侧身左侧上、下旋发球 12 个

考试方法:左右 1/3 台各画一条标志线,考生左半台侧身站位发 12 个球,先发 6 个左侧上旋球,再发 6 个左侧下旋球,必须是左右 1/3 区,总计成功 9 个,判定合格。1 次考试机会(12 个发球为 1 次)。

评定方法:考官有义务提醒考生发球区域。发球旋转强度与速度中等或以上,发球高度不能超过球网两倍,否则,算失误,以考官判罚为准。球必须按规定落在左右 1/3 台区域,否则,算失误。压线、擦边为有效球,擦网重发。

内容 5:左 1/2 台侧身正手接左侧上、下旋球各 10 个

考试方法:左右 1/3 台各画一条标志线,陪考发左侧上与左侧下旋球各 10 个,考生左半台站位,分别使用正手侧身攻球接左侧上旋球,搓球接左侧下旋球。考生攻(搓)到陪考左右 1/3 区各 10 个,总计成功 14 个,判定合格。1 次考试机会(左侧上旋与左侧下旋接发球各 10 个,1 次机会)。

评定方法:考官有义务提醒考生接发球区域。陪考发球擦边、擦网均重发。陪考发球旋转强度中等或以上。考生回接球必须按规定落在左右 1/3 台区域,否则,算失误。回接球压线、擦边、擦网后上台为有效球。

内容 6:左 1/2 台反手接左侧上、下旋球各 10 个

考试方法:左右 1/3 台各画一条标志线,陪考发左侧上旋与左侧下旋球各 10 个,考生左半台站位,分别使用反手推或拨接左侧上旋球,搓球接左侧下旋球。考生推或拨(搓)到陪考左右 1/3 区各 10 个,总计成功 14 个,判定合格。1 次考试机会(左侧上旋与左侧下旋接发球各 10 个,1 次机会)。

评定方法:考官有义务提醒考生接发球区域。陪考发球擦边、擦网均重发。陪考发球旋转强度中等或以上。考生回接球必须按规定落在左右 1/3 台区域,否则,算失误。回接球压线、擦边、擦网后上台为有效球。

五级内容与标准

内容 1:右 1/2 台连续正手拉上旋球 60 板,1 分钟

考试方法:考生正手拉上旋球,陪考推(拨),考生在 1 分钟内,达到 60

板,判定合格。3 次考试机会。

评定方法:右半台区域为有效击球区域,压中线为有效球,越过中线为失误,要重新计数。拉的过程中,出现反手击球,不计数,也不算失误,考试继续。陪考失误,累进计数,考试继续。

内容 2:左 1/2 台连续反手拉上旋球 60 板,1 分钟

考试方法:考生反手拉上旋,陪考推(拨),考生在 1 分钟内,达到 60 板,判定合格。3 次考试机会。

评定方法:左半台区域为有效击球区域,压中线为有效球。越过中线为失误,要重新计数。拉的过程中,出现正手击球,不计数,也不算失误,考试继续。陪考失误,累进计数,考试继续。出现擦网、擦边,不算考生失误,累进计数,考试继续,如中间有停顿,停表。

内容 3:连续左推(拨)右拉 60 板(30 组),1 分钟

考试方法:陪考推或拨考生左右 1/3 台,考生左推(拨)右拉到陪考固定区域(不做详细规定)。考生在 1 分钟内,达到 60 板,判定合格。3 次考试机会。

评定方法:左右 1/3 区域为有效击球区域,压中线为有效球,越过中线为无效球,不计板数。考试过程中,出现两次或以上正手或反手连续击球,不计数,也不算失误,考试继续。出现擦网、擦边,不算考生失误,累进计数,考试继续。

内容 4:反手右侧上、下旋发球 12 个

考试方法:左右 1/3 台各画一条标志线,考生左半台站位发 12 个球,其中,先发 6 个右侧上旋球,再发 6 个右侧下旋球,必须是左右 1/3 区,总计成功 9 个,判定合格。1 次考试机会(12 个发球为 1 次)。

评定方法:考官有义务提醒考生发球区域。发球旋转强度与速度中等或以上,发球高度不能超过球网两倍,否则,算失误,以考官判罚为准。球必须按规定落在左右 1/3 台区域,否则,算失误。压线、擦边为有效球,擦网重发。

内容 5:右 1/2 台正手接右侧上、下旋球各 10 个

考试方法:陪考发右侧上旋与右侧下旋球各 10 个,考生左半台站位,分别使用正手攻或拉接右侧上旋球和搓球接右侧下旋球。考生攻或拉(搓)到陪考左右 1/3 区各 10 个,总计成功 14 个,判定合格。1 次考试机会(右侧上旋与右

侧下旋接发球各 10 个,1 次机会)。

评定方法:考官有义务提醒考生接发球区域。陪考发球旋转强度中等或以上。考生回接球必须按规定落在左右 1/3 台区域,否则,算失误。回接球压线、擦边、擦网后上台为有效球。

内容 6:左 1/2 台反手接右侧上、下旋球各 10 个

考试方法:陪考发右侧上旋与右侧下旋球各 10 个,考生左半台站位,分别使用反手推、拨或拉接右侧上旋球和搓球接右侧下旋球。考生推、拨或拉(搓)到陪考左右 1/3 区各 10 个,总计成功 14 个,判定合格。1 次考试机会(右侧上旋与右侧下旋接发球各 10 个,1 次机会)。

评定方法:考官有义务提醒考生接发球区域。陪考发球旋转强度中等或以上。考生回接球必须按规定落在左右 1/3 台区域,否则,算失误。回接球压线、擦边、擦网后上台为有效球。

六级内容与标准

内容 1:右 1/2 台正手拉下旋球 20 板

考试方法:发球机按 30 板/分钟供球,供球到考生右 1/2 台定点区域,旋转强度为下旋(40~50 转区间),考生连续拉 20 板到对方右 1/2 台区域,成功 14 板,判定合格。1 次考试机会(30 个发球为 1 次)。

评定方法:拉球出现压中线、擦边、擦网后上台为有效球。考生拉球时,球拍触球瞬间必须是前倾或垂直状态,必须有明显的摩擦动作和效果,否则,算失误,以考官判罚为准。发球机发球出现失误、擦网等,不算考生失误,不计数,考试继续。

内容 2:左 1/2 台反手拉下旋球 20 板

考试方法:发球机按 30 板/分钟供球,供球到考生左 1/2 台定点区域,旋转强度为下旋(40~50 转区间),考生连续拉 20 板到对方左 1/2 台区域,成功 14 板,判定合格。1 次考试机会(30 个发球为 1 次)。

评定方法:拉球出现压中线、擦边、擦网后上台为有效球。考生拉球时,必须有明显的摩擦动作和效果,否则,算失误,以考官判罚为准。发球机发球出现失误、擦网等,不算考生失误。

内容 3：左搓右拉 10 组

考试方法：发球机按 30 板/分钟供球，供球到考生左右 1/3 台定点区域，旋转强度为下旋（40~50 转区间），考生左搓右拉 10 组到对方右 1/2 台区域，成功 7 组，判定合格。3 次考试机会。

评定方法：本考试以组为单位，搓或拉任一板失误，均算本组失误。搓球、拉球出现压中线、擦边、擦网后上台为有效球。考生拉球时，球拍触球瞬间必须是前倾或垂直状态，必须有明显的摩擦动作和效果，否则，算失误，以考官判罚为准。发球机发球出现失误、擦网等，不算考生失误，重新开始。

内容 4：左搓侧身拉 10 组

考试方法：发球机按 30 板/分钟供球，供球到考生左 1/3 台定点区域，旋转强度为下旋。考生左搓后，接侧身拉 10 组到对方左 1/2 台区域，成功 7 组，判定合格。3 次考试机会。

评定方法：本考试以组为单位，搓或拉任一板失误，均算本组失误。搓球、拉球出现压中线、擦边、擦网后上台为有效球。考生拉球时，球拍触球瞬间必须是前倾或垂直状态，必须有明显的摩擦动作和效果，否则，算失误，以考官判罚为准。发球机发球出现失误、擦网等，不算考生失误，重新开始。

内容 5：左搓反手拉 10 组

考试方法：发球机按 30 板/分钟供球，供球到考生左 1/3 台定点区域，旋转强度为下旋转区间（40~50 转区间），考生左搓后，接反手拉 10 组到对方左 1/2 台区域，成功 7 组，判定合格。3 次考试机会。

评定方法：本考试以组为单位，搓或拉任一板失误，均算本组失误。搓球、拉球出现压中线、擦边、擦网后上台为有效球。考生拉球时，必须有明显的摩擦动作和效果，否则，算失误，以考官判罚为准。发球机发球出现失误、擦网等，不算考生失误，重新开始。

七级内容与标准

内容 1：右 1/2 台正手摆短 20 板

考试方法：陪考发下旋短球，供球到考生右 1/2 台近网固定区域，考生连续摆短 20 板，成功 14 板，判定合格。3 次考试机会。

评定方法：陪考发下旋球，中等或以上强度，在台面能够 2 跳或以上。考生摆短,弧线要不超过一倍网高,在台面2跳或以上,否则,算失误,以考官判罚为准。摆的过程中,出现擦网后上台、擦边为有效球。陪考发球失误、擦网、两跳出台、球高于两倍网高等,不算考生失误,不计数,考试继续。

内容2:左1/2台反手摆短20板

考试方法:陪考发下旋短球,供球到考生左1/2台近网固定区域,考生连续摆短20板,成功14板,判定合格。3次考试机会。

评定方法:陪考发下旋球,中等或以上强度,在台面能够2跳或以上。考生摆短,弧线要求不超过一倍网高,在台面2跳或以上,否则,算失误,以考官判罚为准。摆的过程中,出现擦网后上台、擦边为有效球。陪考发球失误、擦网、两跳出台、球高于两倍网高等,不算考生失误,不计数,考试继续。

内容3:右1/2台连续正手冲上旋球10板

考试方法:陪考推或带考生右1/2台不定点,考生移动中正手连续冲陪考右1/2台。一个球连续冲10板,判定合格。3次考试机会。

评定方法:考生冲的过程中,出现反手击球,不计数,也不算失误,考试继续。考生出现擦网后上台等为有效球,重新开始。考生回球压中线为好球,考试继续。考生连续冲时,力量必须是自身最大力量的70%或以上,否则,不计数,以考官认定为准。陪考回球出现越中线、擦网、擦边、失误等,不算考生失误,重新开始。

内容4:左1/2反手快拉(拨)接快撕10组

考试方法:陪考推或带考生左1/2台不定点,考生回球到陪考左1/2台。考生移动中反手连续快拉接反手发力快撕为成功一组,连续10组。成功7组,判定合格。1次考试机会(10组球为1次)。

评定方法:考生连续快拉板数不能超过5板,超过,为失误。考试过程中,考生出现任何失误,算失误一组。出现正手击球,不计数,也不算失误,考试继续。考生出现擦网后上台、擦边,为有效球,不计失误,重新开始。考生回球压中线为好球,考试继续。快撕必须是自身最大力量的70%或以上,否则,算失误一组,以考官认定为准。陪考回球出现擦网、越中线、擦边、失误等,不算考生失误,重新开始。

内容5:反手快推(拨)快拉接侧身正手左2/3台连续冲(3板)10组

考试方法:陪考推或带考生左1/2台不定点,考生回球到陪考左1/2台。

考生移动中反手连续快推(拨)接反手快拉,接侧身正手左 2/3 台,连续冲(3板)为成功一组,连续冲 10 组。成功 7 组,判定合格。1 次考试机会(10 组球为1 次)。

评定方法:考生连续快推(拨)板数不能超过 5 板,超过,为失误。考试过程中,考生出现任何失误,算失误一组。考生正手连续冲必须是自身最大力量的 70%或以上,否则,算失误一组,以考官认定为准。考生出现擦网后上台为有效球,不计失误,重新开始。考生压中线为好球,考试继续。陪考回球出现擦网、越中线、擦边、失误等,不算考生失误,重新开始。

八级内容与标准

内容 1:正手台内挑打 20 板

考试方法:陪考发下旋短球,供球到考生右 1/2 台内固点区域。考生左半台站位,上前挑打到对方左右 1/3 台区域各 10 板,成功 14 板,判定合格。1 次考试机会(20 个发球为 1 次)。

评定方法:考官有义务提醒考生挑打区域。陪考发球旋转强度中等或以上。挑打出现压中线、擦边、擦网后上台为有效球。考生挑打时,必须是中等力量或以上,否则,算失误一板,以考官认定为准。陪考发球失误、擦网、两跳出台、球高于两倍网高等,不算考生失误,不计数,考试继续。

内容 2:反手台内侧拧 20 板

考试方法:陪考发下旋短球,供球到考生左 1/2 台内固点区域。考生左半台站位,上前侧拧到对方左右 1/3 台区域各 10 板,成功 14 板,判定合格。1 次考试机会(20 个发球为 1 次)。

评定方法:考官有义务提醒考生侧拧区域。陪考发球旋转强度中等或以上。侧拧出现压中线、擦边、擦网后上台为有效球。考生侧拧时,旋转必须是中等强度或以上,否则,算失误一板,以考官认定为准。陪考发球失误、擦网、两跳出台、球高于两倍网高等,不算考生失误,不计数,考试继续。

内容 3:右 1/2 正手前冲下旋球 20 板

考试方法:发球机按 30 板/分钟供球,供球到考生右 1/2 台定点区域,旋转强度为下旋(40~50 转区间),考生连续正手前冲到对方右 1/2 台区域,成功14 板,判定合格。1 次考试机会(20 个发球为 1 次)。

评定方法：考生正手前冲时出现压中线、擦边、擦网后上台为有效球。前冲必须有明显的摩擦和前冲动作，力量必须是自身最大力量的 70% 或以上，否则，算失误一组，以考官认定为准。发球机发球出现失误、擦网等，不算考生失误，不计数，考试继续。

内容 4：左 1/2 反手冲下旋球 20 板

考试方法：发球机按 30 板/分钟供球，供球到考生左 1/2 台定点区域，旋转强度为下旋（40~50 转区间），考生连续正手前冲到对方左 1/2 台区域，成功 14 板，判定合格。1 次考试机会（20 个发球为 1 次）。

评定方法：考生反手前冲时出现压中线、擦边、擦网后上台为有效球。前冲必须有明显的摩擦和前冲动作，力量必须是自身最大力量的 70% 或以上，否则，算失误一组，以考官认定为准。发球机发球出现失误、擦网等，不算考生失误，不计数，考试继续。

内容 5：左搓侧身冲 10 组

考试方法：发球机按 30 板/分钟供球，供球到考生左 1/2 台定点区域，旋转强度为下旋（40~50 转区间），考生左搓后，接侧身正手前冲到对方左 1/2 台区域为成功一组，连续 10 组。成功 7 组，判定合格。1 次考试机会（10 组球为 1 次）。

评定方法：本考试以组为单位，搓或冲任一板失误，均算本组失误。回球时出现压中线、擦边、擦网后上台为有效球。前冲必须有明显的摩擦和前冲动作，力量必须是自身最大力量的 70% 或以上，否则，算失误一组，以考官认定为准。发球机发球出现失误、擦网等，不算考生失误，不计数，考试继续。

九级内容与标准

内容 1：右 1/2 台正手反拉加转弧圈球 20 组

考试方法：陪考发球到考生左 1/2 台区域，考生搓陪考左 1/2 台区域，陪考侧身拉考生右 1/2 台，考生右 1/2 台正手反拉陪考右 1/2 台区域为成功一组，连续 20 组。成功 14 组，判定合格。1 次考试机会（20 组球为 1 次）。

评定方法：本考试以组为单位，搓或反拉任一板失误，均算本组失误。考生击球时出现压中线、擦边、擦网后上台为有效球。反拉必须是中等以上力量，具有明显的主动进攻意识，否则，算失误一组，以考官认定为准。陪考发球失误、擦网、擦边、过线等，不算考生失误，不计组数，重新开始。

内容 2：左 1/2 台反手快震前冲弧圈球 20 组

考试方法：陪考发球到考生左 1/2 台区域，考生搓陪考左 1/2 台区域，陪考侧身拉考生左 1/2 台，考生左 1/2 台反手快震陪考右 1/2 台区域为成功一组，连续 20 组。成功 14 组，判定合格。1 次考试机会（20 组球为 1 次）。

评定方法：本考试以组为单位，搓或快震任一板失误，均算本组失误。考生击球时出现压中线、擦边、擦网后上台为有效球。快震必须是中等以上力量，具有明显的主动进攻意识，否则，算失误一组，以考官认定为准。陪考发球失误、擦网、擦边、过线等，不算考生失误，不计组数，重新开始。

内容 3：右 2/3 中远台正手连续对拉 10 板，1 球

考试方法：陪考发球后，考生与陪考中远台右 2/3 台不定点对拉，考生连续对拉 10 板，判定合格。3 次考试机会。

评定方法：右 2/3 台区域为有效击球区域。考生对拉时出现擦边、擦网后上台，为有效球，不计失误，重新开始。考生压线为有效球，不计失误，累进计数，考试继续。陪考发球失误、擦网、擦边、过线等，不算考生失误，不计组数，重新开始。

备注：

(1)如出现陪考官水平问题（供球出现三次不到位或不符合要求等现象），监考官有权决定是否更换陪考官，考生已通过的考试内容均为有效。

(2)现阶段考级内容主要针对当前正胶、反胶的常规打法，生胶、长胶等其他打法的考级内容与标准，将随后推出。

（以上内容来源于乒乓球等级考试平台官网）

第五部分　学校乒乓球社团

一、阿阳实验学校乒乓球社团简介

阿阳实验学校自 2001 年建校以来,始终坚持"高起点、轻负担、厚基础、重特长"的办学宗旨,学校在着力抓好学生基础课程教学的同时,大力培养学生的个人特长和兴趣爱好,进而充分挖掘学生的潜能,激发学生学习兴趣,以促进学生的全面发展,乒乓球社团建立于 2001 年,现有七年级队员 86 人,八年级队员 60 人,有露天乒乓球活动乐园三处,约 800 米 ^{2},球台 48 幅;室内训练馆一个,内设 8 张球台,活动场所宽敞,条件优越,十几年来,我校乒乓球社团在学校领导的关怀支持下,紧紧抓住青少年乒乓球素质发展的关键机遇期,充分利用早操、课外活动、双休日等课外时间,系统规范地对乒乓球的理论知识、技术动作进行认真学习和刻苦训练,已取得显著成效,乒乓球课程先后培养出马聪(武汉体育学院乒乓球专业)、张强、景海峰、高翔宇、罗亚囡、马立、李子跃、段钰、赵宇、王旭、罗剑星、靳源冰、裴昱晨、张帆、李伯达、陈艺丹、陈琰、史烨菠、张雅雯、胡雯雯、张灏伟、翟文瑜、马天祥、马小强、朱宇、樊继开、赵浩然、王喆、吴汶芳、陈幸、万垚、高建樑、郭忠奇、周正骑、马可、姚佐宙、姚佑宙、周兆杰、杨浩源、柳浩、钱秉文、代英杰、高静怡、姚媛、邓嘉轩、梁渝杭、李宣增、谢源冰、张玘、王妍洁、杜琪、王铖、雷尊严等校内优秀乒乓球队员,他们多次在竞赛中为学校赢得了声誉,多人获得 A、B 等级证,2014 年 5 月,学校乒乓球在平凉市乒乓球等级测试中有 26 人获得二级证书,占了全市的 51%,学校乒乓球代表平凉市参加甘肃省第 13 届运动会,获得男、女团体第 8 名的好成绩,姚垚获得女子单打第 5 名,陈琰获得男子单打第 7 名的好成绩。2016 年 4 月阿阳实验学校代表静宁县参加平凉市第四届市运会暨第三届中学生运动会,获得女团冠军,裴昱晨获得女单冠军,男团亚军,史烨菠获得男单冠军,张雅雯获女单亚军,朱宇获男单第五名,张玉卿老师获得优秀教练员。阿阳学校多次在市、县球类运动会上获得冠军,得到了各级领导和社会各界的广泛关注和高度评价。我校乒乓球社团在 2004 年被纂入《静宁县志》。

体育充满活力,校园因体育而勃发生机,乒乓球运动以其独特的魅力深受广大学生的喜爱,阿阳实验学校乒乓球社团将以更大的努力和辛勤的工作,最大限度地满足每一位乒乓球爱好者的需求。

二、阿阳实验学校乒乓球社团领导机构

组织机构

总负责人:朱礼(阿阳实验学校校长)

分管领导:王甲:(阿阳实验学校副校长)

魏晓龙:(阿阳实验学校政教副主任)

指导教师:张玉卿(本科学历,中学一级教师)

三、报名程序

1. 本校生:本人申请————班主任签名————学校审查批准————移交指导教师————入队训练

2.外校生:本人或家长申请————学校审批————入队代培

四、活动时间

每周星期二至星期五早操,星期二、三综合实践课。

有重大比赛:星期六、星期日训练。

五、阿阳实验学校乒乓球学校课程竞赛成绩一览表

比赛时间	名　称	主办单位	比赛项目	比赛成绩
2001.10.1	静宁县教育界乒乓球联赛	静宁县教育局	男子团体	阿阳实验学校获冠军
2002.8	平凉市"七匹狼杯"乒乓球联赛	平凉地区行署平凉地区体委	成人团体、青少年单打	付强获男单冠军、牛拴龙获男单亚军、张强获男单第三名。
2002.8	全省学生体育艺术特长评定	甘肃省教育厅	乒乓球单打	付强获 A 级
2003.7.18	平凉市首届乒乓球运动会	平凉市组委会	男女团体、男女单打	男女分别获得团体冠军、张强获得男单冠军、段钰获得女单冠军
2003.7	平凉市学生体育艺术特长评定	平凉市教育局	乒乓球单打	张强获 B 级证、方晨获 B 级证
2004.4	第七届全县中学生第二届全县小学生球类运动会	静宁县教育局、静宁县文体局	乒乓球单打	张强获得男单冠军、罗亚囡获得女单冠军

续上表

比赛时间	名　称	主办单位	比赛项目	比赛成绩
2004.7	平凉市学生体育艺术特长评定	平凉市教育局	乒乓球单打	牛牧童获B级证
2004.8	全省学生体育艺术特长评定	甘肃省教育厅	乒乓球单打	张强获A级证、牛拴龙获A级证
2005.7	平凉市学生体育艺术特长评定	平凉市教育局	乒乓球单打	李博 樊彬彬 刘斌 高翔宇获B级证
2005.7	甘肃省第六届"华富杯"乒乓球比赛	甘肃省乒乓球协会	青少年单打	张强获得青少年甲组男单冠军
2006.4	静宁县第九届中学生球类运动会	静宁县教育局、静宁县文体局	乒乓球单打	张强获得男单冠军、罗亚囡获得女单冠军
2006.7	"北京益世"全省中小学乒乓球锦标赛	兰州市体育竞赛管理中心、兰州市乒乓球运动协会	乒乓球团体	马聪获儿童团体第一名、张东东获团体第三名
2006.7	平凉市学生体育艺术特长评定	平凉市教育局	乒乓球单打	裴少华、李继鹏、王瑞杰、张悦、贾琳、罗亚囡获得B级证
2006.10	静宁县职工乒乓球运动会	静宁县文体局、阿阳实验学校荣生体育馆	男女团体、男女单打	阿阳实验学校获团体第二名、张强获得男单冠军、罗亚囡获得女单第三名
2007.6	平凉市第二届青少年、成人乒乓球运动会	平凉市运动组委会	(青少年)成人乒乓球男女团体、男女单打四项	阿阳实验学校囊括男女团体、男女单打四项冠军、学校被市委、市政府评为全市体育竞赛先进集体
2007.7	平凉市学生体育艺术特长评定	平凉市教育局	乒乓球单打	王博文、周旸、尤炜麟、罗文文获得B级证
2008.4	静宁县第十一届中学生球类运动会	静宁县教育局、静宁县文体局	乒乓球男女单打、男女团体	马聪获得男单冠军、罗亚囡获女单冠军
2007.7	平凉市学生体育艺术特长评定	平凉市教育局	乒乓球项目	罗剑星、翟文杰、马立、王旭、李茜、田嘉琦、张嘉晨、马雪妮获得B级证
2009.8	全省学生体育艺术特长评定	甘肃省教育厅	乒乓球项目	罗亚囡、罗剑星获A级证
2010.4	平凉市第一届中学生运动会	平凉市教育局、平凉市体委	高初中男女团体、高初中男女单打、高初中男女双打	获得初中女子团体、初中女子单打冠军,阿阳实验学校获平凉市体育先进学校

续上表

比赛时间	名　称	主办单位	比赛项目	比赛成绩
2010.7	平凉市、甘肃省学生体育艺术特长评定	平凉市教育局、甘肃省教育厅	乒乓球项目	赵宇、周杰、李旭、蒲博文、蒙勐、白金文获 B 级证，马聪、王旭、李子跃、姚垒获 A 级证
2010.8	甘肃省第一届中学生运动会	甘肃省教育厅、甘肃省体育局	男女团体、男女单打、男双打	女子团体第三、总成绩全省第三
2011.4	静宁县第十二届中学生运动会	静宁县教育局、文体广电局	乒乓球男女团体、男女单打	男子团体冠军、女子团体亚军
2012.5	平凉市学生体育艺术特长评定	平凉市教育局	乒乓球项目	司靓、王耿飞、张帆、尹昊获 B 级证
2013.5	平凉市学生体育艺术特长评定	平凉市教育局	乒乓球项目	陈琰、李世龙、李伯达、孙金鹏、杜汶澎、杨晓儒、樊尔威、张启迪、王同乐获 B 级证
2013.5	平凉市中学生运动会	平凉市教育局、平凉市体委	乒乓球项目	男团、女团亚军，男单冠军、女单亚军
2013.4	平凉市学生体育艺术特长评定	平凉市教育局	乒乓球项目	李世龙、王江龙、张欢、陈玮、王少彪、史烨菠、孙智鹏、白帅、李博文、徐文博、赵佳乐、程牧笛、李伯达、陈诗纬、郑亚恒、米浩浩、陈诗经、魏昊、代晨璇、王硕、武煊智、王常棣、刘炘、张灏伟、裴昱晨、陈艺丹 26 名同学获得 B 级证书
2013.8	甘肃省第二届中学生运动会	甘肃省教育厅、甘肃省体育局	乒乓球项目	男团、女团第六名
2014.8	甘肃省十三届运动会	甘肃省教育厅、甘肃省体育局	乒乓球项目	男团、女团第八名，姚垚女子单打第五名，陈琰、李建鹏男子双手第七名
2014.8	全省学生体育艺术特长评定	甘肃省教育厅	乒乓球单打	孙金鹏、李伯达、张灏伟、李博文、陈琰、魏昊、裴昱晨获得 A 级证书
2014.9	静宁县乒乓球联赛	静宁县文体广电局、县教育局、县总工会、县妇女联合会、共青团静宁县委	男子单打、女子单打、男子团体、女子团体	男团第六名、女子单打冠军、男子单打亚军
2015.4	全县第十六届中学生球类运动会	静宁县教育局、静宁县文体局	男子单打、女子单打、男子团体、女子团体	男团、女团第一名，男单、女单第一名

续上表

比赛时间	名　称	主办单位	比赛项目	比赛成绩
2015.5	平凉市学生体育艺术特长评定	平凉市教育局	乒乓球项目	景海峰、潘一凡、王新乐、张启、张琪、田凯凯6人获得B级证书
2016.4	平凉市第四届市运会暨第三届中学生运动会	平凉市教育局、平凉市文体广电局	男子单打、女子单打、男子团体、女子团体	阿阳实验学校代表静宁县参加平凉市运会获得女团冠军，裴昱晨获得女单冠军，男团亚军，史烨菠获得男单冠军，张雅雯获女单亚军，朱宇获男单第五名，张玉卿获得"优秀教练员"称号
2017.4	静宁县第十六届球类运动会	静宁县文体局、静宁县教育局	男子单打、女子单打、男子团体、女子团体	囊括男子团体、女子团体，樊继开获男子单打冠军、张雅雯获女子团体冠军，马小强获得"优秀运动员"称号，张玉卿获"优秀教练员"称号
2017.5	平凉市乒乓球锦标赛	平凉市文化广播影视新闻出版局，平凉市教育局	男子单打、女子单打、男子团体、女子团体、男子双打、女子双打、混双	女团获团体第一名，男团获团体第二名，朱宇获得男子单打第一名，吴汶芳获女子单打第一名，朱宇、吴汶芳获混双第一名，赵浩然、王喆获男子双打第二名，张雅雯、胡雯雯获女子双打第三名，胡雯雯获女子单打第三名
2017.7	甘肃省青少年锦标赛	甘肃省体育局	男子单打、女子单打、男子团体、女子团体、男子双打、女子双打、混双	吴汶芳、巨彦森混双第二名，裴昱晨、吴汶芳女双第二名
2018.4	平凉市乒乓球锦标赛暨第14届省运会选拔赛	平凉市文化广播影视新闻出版局，平凉市教育局	男子单打、女子单打、男子团体、女子团体、男子双打、女子双打、混双	男团获团体第二名，女团获团体第五名，朱宇获得男子单打第四名，程幸获单打第五名，高培智获单打第六名。胡雯雯获女子单打第三名，张雅雯获女子单打第四名。我校有吴汶芳、胡雯雯、张雅雯、朱宇宇、程幸、高培智获得参加省运动会资格
2018.7	甘肃省第十四届运动会	甘肃省体育局	男子单打、女子单打、男子团体、女子团体、男子双打、女子双打、混双	朱宇、吴汶芳获得混双第六名

续上表

比赛时间	名　称	主办单位	比赛项目	比赛成绩
2019.4	平凉市第四届中学生运动会	平凉市教育局 平凉市体育局	男子单打、女子单打、男子团体、女子团体、男子双打、女子双打	男子团体、女子团体第一名，程幸、吴汶芳分别获得男子单打、女子单打第一名，吴汶芳、张雅雯获得女子双打第一名，高培智获得男子打单第四名，聂博源获得男子单打第六名，胡雯雯获得女子单打第五名，舒长乐、聂博源获得男子双打第四名，高培智、程幸获得男子双打第六名。张玉卿、温艳艳老师获得"优秀教练员"称号

六、阿阳实验学校乒乓球学校课程部分图片资料

▲老教练雍北生在指导学生，老校长曹宁子、周串虎同学生一起在观看

▲甘肃省第一届中学生运动会老教练雍北生(中)、戴建华副校长(右三)、周萧(左三)及队员合影

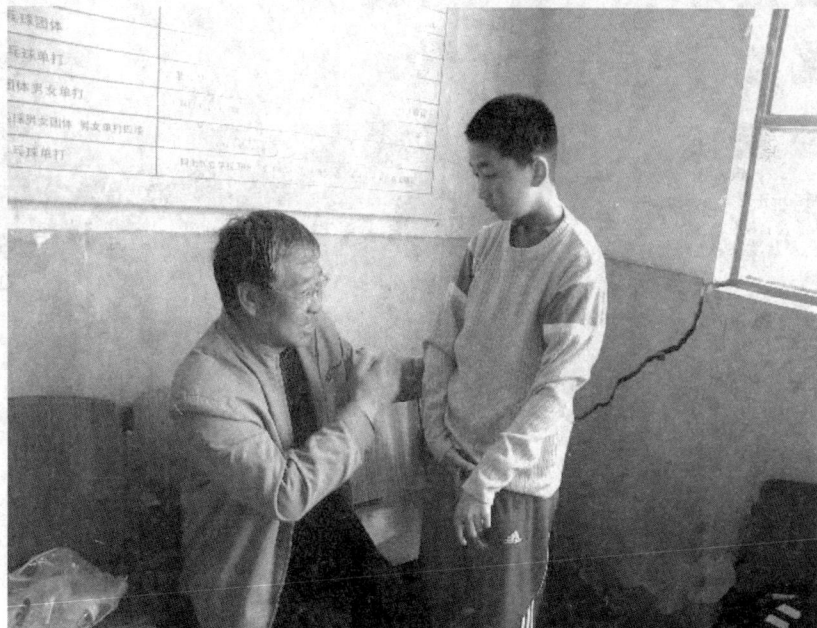

▲雍北生在指导队员马聪

乒乓有形　　快乐无限

——热烈祝贺我校乒乓球队在全市B级测试中取得优异成绩

阿阳实验学校十分重视学校地方课程，重视特长生培养，很抓学校课程建设，单校共设七大类26门地方课程，乒乓球课程已成为我校特色课程之一。2014年4月，市上举行体育特长生等级测试中，我校乒乓球队成绩优异（全市获得B级证的有51人，我校达26人，占到全市的51%）。

2014年阿阳实验学校获得平凉市乒乓球二级等级证学生名单

李世龙 七年六班	王江龙 七年一班	张 欢 七年一班	陈 玮 七年一班
王少彪 八年三班	史烨菠 七年二班	孙智鹏 八年十四班	白 帅 八年八班
李博文 八年四班	徐文博 七年十五班	赵佳乐 七年十六班	程牧笛 七年七班
李伯达 七年六班	陈诗纬 七年七班	郑亚恒 七年八班	米浩浩 九年十班
陈诗经 七年十五班	魏 昊 七年十五班	代晨璇 七年八班	王 硕 九年四班
武煊智 八年四班	王常棣 七年七班	刘 炘 八年十五班	张灏伟 七年七班
裴昱晨 七年二班	陈艺丹 八年二班		

▲2014年阿阳实验学校有26名同学获得平凉市体育乒乓球二级证书，占到全市的51%

▲2014年阿阳实验学校有7名同学获得体育乒乓球一级证书（从左至右依次是陈琰、魏昊、史烨波、张灏伟、李伯达、裴昱晨，孙金鹏在静宁二中上学未照相）

▲2015 年获得平凉市体育二级证的 6 名学生（从左至右依次是张启、李新乐、潘一凡、景海峰、张琪、田凯凯）

▲阿阳实验学校代表平凉市参加甘肃省第十三届运动会，我队获得男团、女团第八名，姚垚获得女子单打第五名，陈琰、李健鹏获得男子双打第七名（后排从左至右，张帆、陈琰、马征、张玉卿、李健鹏。前排从左至右，张亚旭、姚垚、杨晓月）。

▲陈琰、李健鹏在甘肃省第十三届运动会上参加双打比赛

▲静宁县第十六届球类运动会上,阿阳实验学校囊括男子团体、女子团体、男子单打、女子单打四项冠军

▲裴昱晨获得静宁县第二届"村镇银行杯"乒乓球联赛女子单打冠军

▲第十一届乒乓球比赛七年级获奖队员合影

▲第十一届乒乓球比赛八年级获奖队员合影

▲社团训练

在2016年4月举行的平凉市第四届市运会暨第三届中学生运动会中,阿阳实验学校代表静宁县参加市运会获得女团冠军,裴昱晨获得女单冠军,男团亚军,史烨菠获得男单冠军,张雅雯获女单亚军,朱宇获男单第五名,张玉卿获得优秀教练员。

▲参加平凉市运会队员与学校领导合影

▲2016年平凉市第四届运动会暨第三届中学生运动会乒乓球比赛

▲2017年4月，静宁县举办的第十八届球类运动会上，阿阳实验学校乒乓球社团囊括了男子团体、女子团体、男子单打(樊继开)、女子单打(张雅雯)四项冠军，马小强获得"优秀运动员"称号，张玉卿获得"优秀教练员"称号

▲2017年5月，阿阳实验学校乒乓球社团代表静宁县参加平凉市2017年乒乓球锦标赛获得女子团体第一名，男子团体第二名，朱宇、吴汶芳获得混双第一名，朱宇获得男子单打第一名，吴汶芳获得女子单打第一名，王喆、赵浩然获得男子双打第二名，张雅雯、胡雯雯获得女子双打第三名，胡雯雯获得女子单打第三名。

▲2018年4月，阿阳实验学校参加2018年平凉市青少年乒乓球锦标赛暨省第十四届运动会选拔比赛中，男团获团体第二名，女团获团体第五名，朱宇获得男子单打第四名，程幸获单打第五名，高培智获单打第六名。胡雯雯获女子单打第三名，张雅雯获女子单打第四名。我校有吴汶芳、胡雯雯、张雅雯、朱宇宇、程幸、高培智获得参加省运动资格。

▲2016级乒乓球社团队员合影

▲2017 级乒乓球社团队员合影

▲女队比赛

▲男队比赛

▲阿阳实验学校代表静宁县在 2019 年参加平凉市第四届中学生运动会上，获得男子团体、女子团体第一名，程幸、吴汶芳分别获得男子单打、女子单打第一名，吴汶芳、张雅雯获得女子双打第一名，高培智获得男子打单第四名，聂博源获得男子单打第六名，胡雯雯获得女子单打第五名，舒长乐、聂博源获得男子双打第四名，高培智、程幸获得男子双打第六名。张玉卿、温艳艳获得"优秀教练员"称号。

▲学校乒乓球课程首次进行省级课题研究

七、阿阳实验学校乒乓球社团部分优秀队员

牛牧童，男，生于 1987 年 5 月 2 日，2009 级厦门大学生，现供职于德国凯杰。曾在荷兰 destatec 俱乐部打球。2002 年，获得"平凉地区'七匹狼杯'乒乓球邀请赛"青少年男子单打第四名，2003 年获得平凉市第一届运动会青少年组乒乓球比赛男子团体第一名，2007 年 5 月，获得"中国银行"杯厦门大学漳州校区第二名，乒乓球挑战赛男子单打第四名，参加 2005 年厦门大学"大维康冠杯"乒乓球邀请赛，荣获男单第五名。

▲牛牧童

马聪：男，2003 年 9 月至 2011 年 8 月就读于静宁县阿阳实验学校；2014 年 8 月至今在武汉体育大学学习。2014 年参加高考，被中国"三大体院"之一的武汉体育大学运动训练系录取，同年 10 月又取得乒乓球和田径国家二级裁判员证。至目前，是平凉市唯一在专业院校对球类运动进行深造的人员。

▲马聪在训练

张强,出生于 1992 年 2 月,从小喜欢打乒乓球。2001 年转入阿阳小学并在阿阳实验学校乒乓球兴趣小组训练,至 2007 年 6 月毕业于阿阳实验学校时,技术水平取得了较大的进步。并代表学校参加了一系列比赛,也取得了较好的成绩。主要有:2003 年 8 月平凉市第一届运动会乒乓球项目青

▲张强

少年组团体第一名、单打第一名;2005 年 8 月"华富杯"甘肃省少年儿童乒乓球比赛少年组单打第一名;2007 年 8 月平凉市第二届运动会乒乓球项目青少年组团体第一名、单打第一名;成年组团体第二名、单打第一名;2010 年 5 月平凉市第一届中学生运动会乒乓球项目男子团体、双打、单打第一名;2010 年 8 月甘肃省第一届中学生运动会乒乓球项目男子单打第二名;2011 年 7 月平凉市第三届运动会乒乓球项目成年组团体第一名、单打第二名。2010 年考入东北大学,冶金工程专业。现为兰州大学材料物理与化学专业硕士研究生。

张帆,生于 1998 年 12 月,阿阳实验学校 2011 届学生,静宁县第一届少年儿童乒乓球比赛(少年甲组)单打第六名,静宁县第二届少年儿童乒乓球比赛(少年甲组)单打亚军,静宁县第三届少年儿童乒乓球比赛(少年甲组)单打冠军,平凉市第二届中学生运动会团体亚军,双打亚军,甘肃省第十三届运动会团体第八,静宁县第十六届球类运动会团体冠军。

景海峰,男, 生于 2000 年 7 月 5 日,2013-2015 年在阿阳实验学校读书,2014 年取得体育乒乓球二级证书,擅长乒乓球。

姚垚,生于 1997 年 9 月,2002—2011 年就读于阿阳实验学校,现就读于南开大学商学院会计学系, 国家二级运动员。获得第一届平凉市中学生运动会乒乓球(初中组)单打、双打、团体冠军;第二届平凉市中学生运动会乒乓球 (高中组)单打季军,双打、团体冠军;第三届平凉市运动会乒乓球(青少年组)单打、团体冠军;第十三届甘肃省运动会乒乓球青少年组

▲姚垚

女子单打第五,团体第八名。

陈琰,男,生于 1999 年 9 月,2013—2015 年在阿阳实验学校读书,获得静宁县 2013 年第 14 届球类运动会乒乓球单打冠军,2013 年平凉市第二届中学生运动会单打、双打冠军,2014 年甘肃省第十三届运动会双打第七名,团体第八名。

裴昱晨,女,生于 2000 年 5 月,2013—2016 年就读于阿阳实验学校,获得静宁县 2014 年"村镇银行杯"女子单打冠军,2015 年静宁县第十六届球类运动会乒乓球项目女子单打冠军,2016 年静宁县青少年乒乓球比赛第六名,2016 年 4 月获平凉市第四届运动会暨第三届中学生运动会单打、团体冠军。

樊继开,男,阿阳实验学校 2015 届学生,乒乓球社团队员,在 2007 年 4 月举行的静宁县第十八届乒乓球比赛中获得男单冠军。

程幸,2005 年 7 月 21 出生,2016 年 11 月参加"平凉市首届业余乒乓球公开赛"获小学团体组第一名;2017 年 2 月在"2017 年甘肃省青少年乒乓球冠军赛暨第 11 届"华富杯"少年儿童乒乓球赛"儿童组男子团体第四名,单打第六名;2017 年 8 月荣获第十四届"巍雅斯·豪利时杯"乒乓球大奖赛儿童男团第一名;2018 年 1 月获"2018 年甘肃省青少年冠军赛暨第 12 届"华富杯"少年儿童乒乓球赛"儿童乙组男团第五名,单打第三名;2018 年 9 月参加"2018·中国乒协少年委员会向阳天跃·蝴蝶杯"比赛,获 14 岁以下组男子单打第四名。

吴汶芳,女,汉,2005 年 6 月 8 日出生,在阿阳中学七年级一班就读。自幼喜欢乒乓球运动,多次代表县、市参加全省比赛,2017 年平凉市青少年锦标赛女子团体、混合双打、女子单打第一名;2017 年甘肃省青少年乒乓球冠军赛暨第 11 届"华富杯"少年儿童乒乓球赛儿童女子团体第二名、女子单打第一名;2017 年甘肃省青少年锦标赛女子团体第六名、女子双打、混合双打第二名;取得"国家一级运动员"证书,被甘肃省体育局授予"体育道德风尚奖";被平凉市乒乓球协会授予"优秀运动员"称号;2018 年甘肃省第十四届运动会青少年乒乓球比赛女子团体第六名、混合双打第五名;被组委会授予"体育道德风尚奖"。2018 年全国青少年乒乓球巡回赛(白银站)U14 女子团体第三名。

马小强,出生于 2001 年 6 月,阿阳实验学校 2018 届学生,在 2017 年平凉市青少年乒乓球锦标赛中获团体冠军。现为静宁一中珍珠班学生。

后 记

乒乓球是中国的国球，它与田径、游泳、重竞技等重体力项目有所不同，是一项集体力、技巧、智力、意志为一体的体育运动。打乒乓球不仅能全面锻炼人的身体，还能调节人的情绪，使人心情愉快，性格开朗大方，提高思维能力，促进智力发展。编写《快乐乒乓球》是我由来已久的愿望，目的在于使学生从小就打下一生锻炼的兴趣爱好，潜移默化地形成顽强拼搏品质，并逐渐完善自己的人格。

《快乐乒乓球》是在学校的统一部署，精心组织安排下经过悉心收集校本资料，结合学校实际，查阅了苏丕仁主编的《乒乓球运动教程》，冯志远主编的《教你打乒乓球》，徐大鹏、谢争、李莉编写的《乒乓球》，张瑛秋编著的《乒乓球横拍技术图解》等书和网上查找资料（乒乓球考级 1～9 级内容）整理而成，本书对乒乓球的常见技术、步法和战术做了较详细的介绍，并提供了一些乒乓球运动的小知识，希望读者能从中有所收获。另外，文本在撰写过程中参考和借鉴了大量的文献和资料，尤其上面提到的几本书，在此对有关作者和专家表示由衷的谢意！

本书共分五个部分：一是乒乓球运动概述，二是乒乓球运动基本理论知识，三是学校课程教学内容，四是乒乓球考级 1～9 级内容，五是阿阳实验学校乒乓球社团。

　　虽然我在编写过程中反复酝酿、推敲、校对、审核，但百密难免一疏，加之我水平有限，时间仓促，不足之处，敬请各位同仁和家长不吝指正，以便使本书逐步完善。

　　谨以此书献给喜爱乒乓球的孩子们。